此书献给我的外婆和母亲

是她们用柔软的爱
浇灌出我内心的铿锵之花

而我只愿用这文字里的微光
照亮她们未曾越过的山和海

人并不是活一辈子的，
其实就是活那么几次变化。

忆湄 著

还好终究走了自己的路

ZHEJIANG UNIVERSITY PRESS
浙江大学出版社

图书在版编目（CIP）数据

还好，终究走了自己的路 / 忆湄著.—杭州：浙江大学出版社，2019.3

ISBN 978-7-308-18790-9

Ⅰ.①还… Ⅱ.①忆… Ⅲ.①人生哲学—通俗读物 Ⅳ.①B821-49

中国版本图书馆 CIP 数据核字（2018）第 282557 号

还好，终究走了自己的路

忆湄　著

策　　划	杭州蓝狮子文化创意股份有限公司	
责任编辑	杨　茜	
责任校对	牟杨茜	
封面设计	水玉银文化	
出版发行	浙江大学出版社	
	（杭州市天目山路 148 号　邮政编码 310007）	
	（网址：http://www.zjupress.com）	
排　　版	杭州林智广告有限公司	
印　　刷	杭州钱江彩色印务有限公司	
开　　本	880mm×1230mm　1/32	
印　　张	9.5	
插　　页	4	
字　　数	192 千	
版 印 次	2019 年 3 月第 1 版　2019 年 3 月第 1 次印刷	
书　　号	ISBN 978-7-308-18790-9	
定　　价	45.00 元	

每一个人都有独特的成长方式

但唯一不变的是

他们统统经历过挣扎

"心有猛虎"最大的意义

并不在于它可以许诺你一个响当当的结局

而在于它可以在你最糟糕的时候

仍然恩赐你一个理想国

人生总是需要经历这么长的黑洞

和所有的车一样并肩前行

没有选择的过程

但只要一旦冲出隧道

便有了海阔天空的豁达

和各奔前程的可能

📷 摄于摩洛哥·菲斯古城墙

一个更好的你

总是可以完整自由地去书写人生篇章

不用被时代打断

被自己内心的焦虑打断

当我从你的全世界路过

我可以俯首敲门问路

讨一杯心甘情愿的薄荷茶

也可以

在没有应答时心平气和地远眺风景

绕道而行

我想自由的意义

就像获得了双城之间的签证豁免权

去哪一座城都可以说走就走

有勇气，也有底气

自由不是放弃现实投奔理想

自由是现实和理想

都可以按需来取，来去自由

世界上也分两种人

一种拿"黑暗"当补品

一种拿"黑暗"当瘟疫

总归是当补品的那批人更容易茁壮成长

摄于缅甸 · 威桑海滩

真正让人有完美收梢的，不是那张"人设"的画皮

是真实而多面的自己与世界建立的联结

是自成气象，自成排场

推荐序一
你一定要读忆湄

秦朔/文

1989年4月号的《读书》杂志刊登了香港作家柳苏的一篇文章——《你一定要看董桥》，那时我在读大学三年级，第一次知道了董桥这个名字。董桥是香港的报人、期刊人，当过好几份知名报刊的总编辑。但在香港之外，他之所以知名，是因为他写的文章，用柳苏的话说，是靠一篇篇"卓然独立，有文采，有思想，有情怀的好散文"。

什么是好散文？董桥自己说："散文须学、须识、须情，合之乃得 Alfred North Whitehead 所谓'深远如哲学之天地，高华如艺术之境界'。"有学，才有深度；有情，才不会枯燥；"最重要的还是内容，要有 Information，有 Message 给人，而且是相当清楚的讯息"，单单美丽的语言是没有用的。

　　董桥在伦敦住过7年，颇受英国文化的影响，他所引的话出自怀特海(1861—1947)。怀特海毕业于剑桥大学三一学院，专修数学，毕业后留校任教，是罗素的老师，他们合写过一本《数学原理》，经久不衰。怀特海于1924年到美国哈佛大学当哲学教授，最后在那里去世。

　　怀特海和罗素一样，在教育理论方面都卓有成就。怀特海在1929年出版的《教育的目的》一书，对西方教育影响深远。他说，教育不能以"强制的手段"对学生进行知识的灌输，而是要激发和点燃学生内心深处对某一领域的强烈兴趣，兴趣是推动生命走向适合自己的发展之路的最佳动力。而这需要在拥有智慧的教师的指引下，共同阅读经典，思考分析，获得深刻的理解，共同探索未知，欣赏价值之美。"大学传授知识，但是它是以充满想象力的方式来传授"，"成功的教育所传授的知识必有某种创新"，"陈旧的知识会像鱼一样腐烂"。

　　怀特海有一句名言："不是无知，而是对无知的无知，才是知的死亡。"("Not ignorance, but the ignorance of ignorance, is the death of knowledge.")看到这句话，就可以理解什么叫"深远如哲学之天地，高华如艺术之境界"。

　　忆湄也是一个写字的人，她在工作之余写字。她是江南女子，北京大学毕业，主业是金融。用她的话说，"在红尘万丈的摩天大楼间穿行，却依然逃不出写作的桃花源，于凛冽的时代温柔地生活仍是最大理想"。她是"秦朔朋友圈"创立三年来最受读者欢迎的作者，真正的"酒好客自来"。

你可以把忆湄的文字当成山间清泉,或是余音袅袅的曲,形美味醇的茶。柳苏说董桥,"看起来,他是个温文尔雅,有点矜持,不怎么大声言笑的人,写起文章来却自有奔放,自成野趣"。忆湄也是温文尔雅的人,不过她的文字之趣,不在野,而在雅,在于那股人文的力量和人道的尊严。

忆湄之所以受欢迎,在我看来,是因为她的文字为我们这个人心栖遑的时代,提供了某种自在和自为的可能。我们改变不了什么,但我们可以选择一些什么。"寻常一样窗前月,才有梅花便不同",你可以有不一样的视角,不一样的气息。

很多人怀念诗的时代,讨厌散文的时代。看忆湄,你或许会有不一样的感受。散文形散,而神不散。有神,有魂,还有灵动的文字,悠悠的心绪,忆湄有点像"北大版的三毛"或"三毛的陆家嘴版"。不过,忆湄终究是忆湄。

推荐序二
安静最贵

水姐("秦朔朋友圈"创始主编)/文

1

"秦朔朋友圈"微信公众号于 2015 年 10 月 16 日上线,忆湄的文章在 2015 年 10 月 24 日就上了公众号。对于我来说,"秦朔朋友圈"来了,忆湄也就来了。

网络时代,已经很少有写字的感觉了,而忆湄天生是写字的人。她的句式自成一派,又蕴含了很多道理,华丽又安静,就像一整面高墙都开满花朵,在你以为要枯萎的时候,瞬间更新,别开生面。是她让我觉得,因为喜欢朴素,所以喜欢华丽,那种干净的华丽。三毛在《送你一匹马》中写道:"坚持看守个人文字上的简单和朴素,欣赏以一支笔,只做生活的见证者。绝对不敢诠释人生,只想让故事多留余地。"

我也写字,我也当编辑。这使我更理解一个作者。我们就这样保持着淡淡的友谊,以及越来越深的默契。我们的沟通只要几句话,她就能写出我们商量好或者几乎不用商量就能按某种感觉出现的文章。每周日的头条位置,我几乎都会空着等她。以至于她的第一本书的推出,我比她还积极。

她本人给我的感觉也像她的文字一样,安静,但眼睛里放着光。

我们有很多相似点。她是北京大学金融学硕士,我是清华大学管理学硕士,我们同岁,我们都不太写专业的文章,我们写我们自己喜欢写的,对这个世道人心的人文观察。幸运的是,秦朔老师也支持这样人文的调性。

木心在《琼美卡随想录》中写道:"人文主义,它的深度,无不抵于悲观主义;悲观主义止步,继而起舞,便是悲剧精神。毋庸讳言,悲观主义是知识的初极、知识的终极,谁不是凭借甘美的绝望,而过尽其自鉴自适的一生。"

2

2018 年上海国际电影节开幕后，我去看了一些日本片子。其中一部是小津安二郎的《东京暮色》。

这部影片是 1957 年的老电影，黑白片。它主要讲了银行家杉山周吉自妻子离他而去后，独自将两个女儿抚养成人的故事。已出嫁的孝子跟丈夫闹离婚，逃到父亲家中避难，而未出嫁的明子即将成为未婚妈妈，却还是每天在夜店等待负心汉出现。另外，私奔多年的母亲突然回家，为的是介入两个女儿的生活。明子终于借钱打掉了腹中骨肉，却承受不了残酷的现实，最后被火车撞死……

故事没有跌宕，没有起伏，平铺直叙，没有大喜，也没有大悲，有情绪，但更多的是克制。没有很多社会身份的渲染，只有一颗颗真实的人心在时间里跳动。在家庭这个单位里，平平淡淡地活着、死去。明子最后的遗言，是喊出来的："我不想死，我不想死，我想重新生活，活得好一点。"接下来的是个静止而干净的镜头：病房门外，两双鞋子摆着，那只是平常的一天，生死如梦，例如庄周梦蝶，仿佛清空后获得了最终的安宁。后来便是孝子穿着丧服去找她们的母亲通知明子的死讯。

小津安二郎说："高兴就又跑又跳，悲伤就又哭又喊，那是上野动物园里猴子干的事。笑在脸上，哭在心里，说出心里相反的语言，做出心里相反的脸色，这才叫人哪。"

小津安二郎在《我是开豆腐店的，我只做豆腐》中写道："山下已是春光烂漫，樱花缭乱，散漫的我却在此处为《秋刀鱼之味》烦恼。樱如虚无僧，令人忧郁；酒如胡黄连，入肠是苦。"

把美感用安静收纳起来，是在写作艺术上"戴着镣铐跳舞"的安静版本，因为要收纳得服帖，所以需要将很好的材质巧妙地搭配起来。

那些安安静静拍出家庭细枝末节的人们，在洞见生活的真，在别样的惆怅里，映照出一种"临水照花"的自赏性。他们真正追求将生活升华，而我们是完全脱离生活，去穿越，去幻化，去造神，去神人相爱，异族相争，心情大悲大喜，追求极致的快感，瞬间又落入尘埃。焦虑、拼搏、欲望是必需的，这时候的安静，不是冷静或者狂欢，太稀缺了。

聂鲁达在《二十首情诗与绝望的歌》里写道："在双唇与声音之间的某些事物逝去。鸟的双翼的某些事物，痛苦与遗忘的某些事物。如同网无法握住水一样。当华美的叶片落尽，生命的脉络才历历可见。"

人们之间的安静和思想是相通的。

在市场经济环境中，那些让心安静的场所，格外昂贵。比如高档餐厅，人们自觉地小声说话，安静吃饭；比如你穿了很贵的衣服，戴上很贵的首饰，去高级的社交场合或去听一场音乐会，内心首先是一片肃静；比如小众的东西，它有它不能传播的代价，一旦被某个贵人认可，则又生出一番故事;比如明争暗斗的公司,有人却能清高独立,就显得很有商业文明。

安静很贵。

若干年后看起来,我们也会慢慢进入一个整体哲学水平较高的社会心理状态。我们想要的东西,会用更成熟的方式去得到。我们现在想要的成功,也许是为了抵达我们的内心清静。

心静,心净,是这个社会最稀缺的东西,必然有其价值。也许会有静经济、静文化,最后有一个静社会。

静经济,在未来的某种潮流里,肯定会越来越明显。大城市,哪里最安静,最没有人,最私人化,最定制化,就最贵。

静文化,有烦恼和痛苦的时候,首先是在自己内心找原因,找到安顿自己的方法,而不是对外求依赖或者发泄。

静社会,是个属于安静、美好生活的社会。

忆湄的文字,让人安静。值得现在读,更值得二十年后再读。

自序
曾是惊鸿照影来

　　我从来没有想过,过去十年和这个世界的"对垒",几乎就化作了翻开书时的这张人生地图。虽说没有一个人的经历可以复制,但我想,我们大概都曾路过了这条路。

　　时代于历史是兴衰,于个人却是命运。排队领到这份命运的我们,在刚被扔进这方人生密林时,个个都新鲜的如同刚咬碎的青椒。但谁能想到,这条路其实机关遍地,陷阱重重——能尽享时代红利,也要承受人间雾霾;能拿到自我标识的勋章,也必须面对焦虑的时代病灶;不用为生存绞尽脑汁,却要为人生的意义开疆辟土。现实就好像是江洋大盗,小小的馈赠不过是巧取豪夺的诱饵。当然也不会想到,每一次往这条路更深处走走,随身的锦囊总是失了效。都市丛林里到处张贴着二维码，但关键时刻我们暗自连接时代的 Wi-Fi 却开始掉格。

我们是这条路上的目击者和介入者。我们在每一个指路牌前探头张望，如何选择城市、职业、情感和生活方式，又如何找到自我，对阵世俗，权衡利弊？有没有一条唯一的路、正确的路、最合适的路？选择好走的路、热闹的路、别人的路，还是泥泞的路、孤独的路、自己的路？我们艰难地做出一次又一次向左抑或向右的选择，四周摇旗呐喊的啦啦队们聚了又散了，他们在大多数时候都成不了定心石，而是与内心拔河的对手。

但最终，我们成了这条路上的怀疑者和抵抗者。阶层和贫富差距在多数时代都是"钉子户"，而社会飞奔得越快，人们心里的撕扯就会越多，继而成为时代的替罪羊。为时代活得越多，自己死去的部分也会越多；为自己保留得太多，又会成为现实的"异类"。我们在名利场的规则前一笑泯恩仇，但一颗心却早就想扒开通往桃花源的火车门跳上车去。

我们没办法颠倒乾坤，但至少内心可以拨乱反正。

这大概就是写这本书的初衷和意义。这本书收录了我过去三年的专栏文字，但写的好像是之前人生里度过的所有日子。大概是我的手怕我的心软弱又善忘，总要把它们都结结实实打成文字才肯作罢。从在人生密林中慌张夺路，唏嘘"生命就是时时刻刻不知道如何是好"，到初尝都市爱恨，悄悄"私藏了一座都市博物馆"，最后发现"人是一头小兽，终获美丽皮毛"。这条路走得越远，就越发现所有的经历，好的，坏的，都会长成骨血，一步步从人性的"荒野"走到"文明"。原来焦虑不过是时间的灰烬,而豹变才是人生的礼物。

作家路内曾说过,他最珍爱的小说之一《西游记》讲的是一个关于时间的故事,而不是取经之路。大部分的童话都是在几个短小的磨难之后航向幸福的彼岸,可是《西游记》不同,九九八十一难,从头打到尾,连自己都数不清打死了多少个妖怪。这是一个成长的故事,它用路途来迷惑读者,事实上它在谈论的是时间。神是不会仅仅用路途来考验一个人的。

同样,这本书以路为始,以"关怀都市焦虑人类"为始,但写的也是关于时间的故事。不同的是,这里时间不只为了考验,更是馈赠。

时间为人生路上的"困境"正了名。年轻的时候想,如果可以把每一次的困境都当作冰箱里的过期食物扔掉就好了。后来发现不是的,它们像是这条人生路途中不可丢弃的行李,因为里面同样装着你需要的东西。必须携带着它们一起上路。能支撑人生的,有时候并不只有事实,还有想象;有时候不是结果,而是意义。

时间为走过的"弯路"赋予了意义。走了弯路一定需要用其他的牺牲来弥补,但不走弯路或许就不会如此坚定哪一条才是正路,而前路又该怎么走才最安心。意大利作家马西米利亚诺·威尔吉利奥在小说《那不勒斯的萤火》里写道,这个世界能成长为优秀的人类的,一定是那些曾经迷失的人,而非那些在人生中从未迷失的人。

时间把一颗高悬空中的心打落到了扎实的路上。每个人都曾多少产生过自己是"被选中的"幻觉,后来发现其实命运也从未许诺过你什么，无功不受禄，不得不心平气和地接住了命运分配到手里的牌，打好一副是一副。

最终，时间把曾经所有的"路过"像擦拭夏天渗出的细汗一般拭去，留下的不过是一个可以当作谈资的故事。荣耀与失败不会一直傍身，声名皆如潮水，而潮退之后露出的才是原本的样子。时间会让所有洒了颓废和油腻调料的中年人，也要永远"向前看"。

在所有电光火石般的变迁中，时间在某种不为人知的层面推着我们完成了"人生豹变"。"路过"并不是目的，而是看清自己从何而来，又是如何在一个漆黑的雨夜一头撞进了通往另一个人的窄道，从此与"以前的我"分道扬镳，和"现在的我"握手言和，对"未来的我"永远无所畏惧地相信，是那种嘴上喊着相信，心里仍然笃定的相信。

如果说我对这本书有什么期许，那就是在你一遍遍闯入人生这道丛林，屡屡发现时代和都市合谋让你的世界漆黑一团，找不到方向时，这些文字里微弱的光芒能让你扳回一些胜算。或者，在你严丝合缝的生活里，还有这里一笔一划的努力，让世俗的杂质和时间的碎屑都纷纷掉落，让那个面目模糊外表下真正鲜活生动的你，原型浮现，锋芒毕露。

哪有一条唯一的、正确的、最合适的路呢？不过是你有你的，我也有我的方向。人最大的不幸就是总想着走别人的路，总是在"可惜了""不值当"这样"功利"的词里迷了路，而人最大的幸运不过就是，还好兜兜转转，终究走了自己的路。因为我不希望我和世间的交集，最后只留下一些虚幻的数字、标签甚至勋章，却希望它从头到尾，都不缺少自在和踏实,从不背叛内心,也很好奇这个全心全意灌溉的自己究竟会长成什么形状。

走自己的这条路,是我对世间所有的念想里,最重要的一部分。

此时,再看那条山水迢迢的来路时,无论是问候天气的寒暄,偃旗息鼓的困顿,还是四面楚歌的绝望,单刀赴会的孤勇,都不过是笑着拨开湖面时的那一句——"曾是惊鸿照影来"。

✤ 目录 ✤

人生最终比的,是能守护住多少本心;最终被人记一辈子的,是独一无二的灵魂;最终能超越自己的,是那些无用却宝贵的东西。

第 *01* 辑　原来

生命是时时刻刻不知如何是好

第02辑　恕我

私藏了一座都市博物馆

到最后，你很可能和我一样，把这一段相处建造成了一座博物馆。你记录了每一轮信仰的更换，宛若朝代的更迭。你把所有的残酷、眼泪、破败、狰狞和痴傻，都做成标本摆上去。

第 *03* 辑　幸好

人是一头小兽，终获美丽皮毛

> 这些转折和之后潜移默化的变化构成了我们生命里真正"活过"的明证。人并不是活一辈子的，其实就是活那么几次变化。

第 *01* 辑　原来

生命是时时刻刻不知如何是好

人生岔路

满阔丛林

折回闹市

人生选择题
之一

每一次往人生更深处走走，

随身的锦囊总是失了效，

是兴之所至，

做一回人间卧底，

还是折回闹市，

攘一把安全感在手心？

"被欺骗"的前半生

1

　　能增加挫败感的,不只有美国大选中精英阶层按原来秉持的理念去理解世界,却迎来了一位从未想过可以赢得总统的特朗普,还有我们按照旧秩序过完了前半生,才慢慢清点出,用了多少教条换了教训。

　　和一位业界颇受尊敬的职业经理人聊天,她讲起近 30 年前被长辈"欺骗"的往事,至今仍耿耿于怀。那年高三,她以优异的成绩被列入保送名单。校长在协调各方资源,进退两难时,特别"循循善诱"地向她推荐了一所西部大学。在那个学生唯校长和长辈马首是瞻的年代,一个江南女子就这样被送往一所西部名校。据她说,从没有任何一届的毕业生像他们那一届那样,有那么多人前往那座西部城市上学。而过完四年后,他们又头也不回地跑回来读硕士。

　　说完她当然会笑啊,人们都笑了。人们大概想的是,如今的地位和财富已经给了她足够的底气,就如首富们可以肆无忌惮地倒出灰暗的过去一样。但不知为什么，那包裹在笑里的叹息，还是精准地戳中了我。如果是一个普通人呢？一条不偏不倚的"弯路"，估计就改写了一生。

而当我想到我不短不长的前半生也是浸在大大小小的人间"谎话"中时，眼前色泽诱人的牛排，也被西餐厅鹅黄色的灯光硬生生照出了忧伤。

我妈老是拿那个说滥了的故事来论证"看你小时候多乖"。大概三四岁的时候我瞄上了家里的冰箱。我妈怕我乱动，就顺口说了一句："别去动啊，要爆炸的！"我牢牢记住了冰箱打开就会爆炸的"真理"，一直对这个令我好奇的庞然大物敬而远之。有一天家里来了客人，我妈在厨房忙不过来，扭头对我说："快去冰箱拿棒冰给小朋友吃啊！"我兴冲冲去拿，完全忘记了冰箱会爆炸的事情。打开冰箱门的刹那，我突然回过神来：怎么没有爆炸啊？

就如电影里熟悉的套路一样，上一秒是目瞪口呆的演员，下一秒是留白消音的屏幕。我早忘了我妈当年是如何自圆其说的，但就在啪地打开冰箱门，"价值观"被颠覆的瞬间，有一股寒意把周身团团围住。

行走在魑魅魍魉的世间，年龄的增长无法抵抗，见世面的程度受制于出身，还要警惕各种偏见和布道。不管是"包藏祸心"还是"无心之举"，都可以不动声色地对你进行生杀掠夺。对于书写人生剧本，每个人都是新手。屡次落入陷阱，和只能用来缅怀的青春一样，都是命中注定的。

而更难以回避的"骗局",是意识形态的空前更迭。前半生还在沿用上一辈根深蒂固的世界观,在被设定好的康庄大道上前行,让你误以为人生很难有横生枝节的岔路。后来走着走着才发现,新秩序不断被建立,童话不断被质疑,康庄大道越来越窄,渐渐化作无数岔路里最不起眼的一条。

所以我一直认为,社会的残酷,并不在于它的"五毒俱全",而在于你根本不知道,它有没有毒。

前半生最显而易见的"欺骗",来自幸福与成功。从前所有人都告诉你,幸福有固定的模板,成功有清晰的定义,不管是纸上得来的,还是耳濡目染的。后来发现根本不是。热衷于在朋友圈晒举案齐眉场面的其实婚姻漏洞百出,被媒体追捧的金光闪闪的人物却被抑郁困扰,而约定俗成的"幸福"女人,大部分没有机会实现她们梦寐以求的理想。每一种生活都有苦乐,没有谁真正拥有无懈可击的生活,也没有谁真正值得你去羡慕。

于是慢慢了解,以自己的喜好来定义幸福和成功,是最坦然也最不会后悔的活法。记得有个故事说,美国有位巨富之子,后来成了CNN(美国有线电视新闻网)的主持人。他说在名人堆里长大再当记者,一大好处是看破人生。那些从小就经常见到的传奇般的富豪,有时过得比老百姓的生活悲惨多了。但大部分人哪有那么幸运，不能早早地看透真相。当所见的世面还撑不起一个铿锵有力的价值观时，精神上的从众就成了最后一根救命稻草。

但从众也是一场幻象。从众一方面是无底线地迷信权威。追着前辈分享经验的，一直被长辈视为"伶俐"的小孩，到后来发现，能复制的才叫经验，而成功往往不可复制。另一方面是无条件地追随大众。小时候我特别要强，什么都要学，什么都不能落后。那时在文理分班的时候我还在想，成绩好的都学理科了，我文科再好也不应免俗，绝不能"自甘堕落"。当年无数孩子羡慕韩寒啊，但几乎没有人，有勇气效仿。

后来发现，做自己最擅长且热爱的事才是聪明的活法。一辈子有一个特长，在一个领域做好已经不容易。从被主流价值观牵着鼻子走到决定不慌张地慢慢走自己的路，居然隔了一整个青春。

从主流价值观引申出来的另一种"被欺骗"，是对是非黑白有着近乎天然的深信，对喜乐平安的日子有着急功近利的向往，而对艰难的日子避之唯恐不及。听一位长辈聊起生平，他说现在回忆起来，自己的每一次崛起，无一例外都是在一场灾难以后。蜕变成一个崭新的自己的全部动力，都来自当时的致命一击，以及后来的不甘心。

有一个说法是，快乐是悲剧的开端，被伤害才是回忆里的温暖。我想这句话并不是暖胃的鸡汤，而是扎实的可以果腹的鸡肉，只有细细嚼过的人才能体会，人生变幻莫测，从来都没有笃定的好坏。

还有一种再熟悉不过的"老人言"是，只要学习好就可以如何如何了，比如"上了北大清华就万事大吉了"。在人生的时间轴上，学校生涯怕是前半生最大篇幅的"谎话聚集地"。当年的"学习好"和现在的"有钱"一样，几乎都可以令人站上人生的制高点，回避一切其他的缺憾，得到被承诺的美好未来。我曾看过一个故事，说一个当年没考上清华大学的人，后来碰到清华人总会觉得自卑，因为当时清华大学的分数是他超常发挥也考不到的。但事实上，他的事业远比许多清华大学的学生成功。

后来我开始明白，人生是一个太漫长的过程，需要持续发酵。再辉煌的学业也只是一个过去，并不代表未来。变成路人的高考状元，其实并不比差等生逆袭成创业家的案例少。

对年纪的误解也是少年时代的一场骗局。十几岁的时候认为 30 岁大概是一个可以功成名就然后退休的年纪，仿佛自己就是被时代钦定的幸运儿，从 20 岁到 30 岁的 10 年间注定会谱写出美轮美奂的篇章。我在 19 岁末的时候在大洋彼岸洋洋洒洒地写下《跨越 20 岁》，却在跨越 30 岁的时候认为年龄不过是一个可以被忘记的数字。而现实是，大城市中 30 岁的年轻人，很多还处于为了一套体面的公寓而焦虑的时期，功成名就已然成了上层建筑。

后来才体会到，决定每一阶段该做的事的，不是年龄，而是际遇和心态。因为人生无论在哪个阶段，都可以雄心壮志地声称"刚刚开始"。

只有到后来才知道，大部分主观认定的东西，都是偏见。

3

只有时间沙里淘金。

当年我们不屑理解的东西，我们因为自己的孱弱、他人的偏见和时代的变迁生出许多误会，却因为跌了跟头，走了弯路，目睹了太多反面的案例，反而发出持久夺目的光辉。而当年我们深以为然的东西，那些闪耀的权威却都一一崩坏了。最后，拿上面这些悟出的道理，和这些年分量十足的弯路以及渐长的年龄做交换。前半生像是一桩无头公案，不能沉冤昭雪，只能摸索退路。

可说来也奇怪，一个人的通识教育，往往是从"被欺骗"和"意识到被欺骗"开始的。这也是为什么过得顺风顺水的人很容易对人生的认识流于表面。他们对人生的体验，是肉身外披的桑蚕丝衬衣，美是美的，但清透单薄到好像什么都没穿。

所以我很容易就原谅了前半生的种种"不容易"。因为比起得到一个会让旁人叫好的勋章，如今的我更注重体验过程是不是丰沛；比起盲目地追随主旋律，现在的我更在乎有没有好好呵护内心的自己；比起去预防费力还控制不了的局面，我更在乎如何圆场，如何摸索退路。

摸索退路的方法也各自迥异。最近出现的很多励志文的主角都已人到中年，他们选择了不再自圆其说地寻求当下生活状态的合理性，而是重新开始，砥砺前行。他们用走出舒适圈的方式，证明胸膛还有热血,宝刀还未生锈。少年们啧啧赞叹他们东山再起的魄力,但只有过来人能接住他们甩出的一把把辛酸泪,看着他们对着被定义、被局限的前半生做最后的抵抗。

另一种方式,是在拥有自主权的情况下,对深藏心底的不甘全然妥协。彻彻底底撇开那些缠绕心扉的细枝末节,说服自己人生就是一次将错就错的旅行,随遇而安反而是福报。比起余生要重新一个字一个字地敲,他们更愿意复制粘贴一遍前半生。他们的人生退路看起来安全,毫不费力,但远远谈不上尽兴。

而过得最艰难的人,其实是喜欢怀疑的人,是在不甘心与认命之间反复纠结,却没勇气逃出来的人。他们偶尔翻开被欺骗的前半生,再睁一只眼闭一只眼地合上。回忆自己走过的路,为了抵达那个熠熠生辉的制高点,他们练武屠龙,从生物链的底层亦步亦趋,最后在世人拥戴的眼神里抵达终点,同样花费了大力气。对于余下的后半生,他们选择了沉浸在半夜时不时涌上来的伤春悲秋里,然后在第二天白天完美地控制好面部肌肉。

可我终究害怕,那个混沌的、被渐渐卷进人生漩涡却放任自流的自己。早晨穿越隧道的时候我在想,人生总是需要经历这么长的黑洞,和所有的车一样并肩前行,没有选择的过程。但一旦冲出隧道,便有了海阔天空的豁达和各奔前程的可能。人生给了你足够长的时间试错,也一定会腾出空来递上选择权。总有一天,我们会从前半生的“乙方”,变成后半生的“甲方”,从在隧道里排队小心翼翼前行的“交通工具”,变成都市盘根错节的高架上各色雀跃疾驰的车。

记得有一场 TED 演讲说，所谓一生的聪明，就是找到你非做不可的事。

假如没有办法早点明白，那么尽可能地在冲出隧道的瞬间，在再也没有轰隆隆的嘈杂的时刻，既有闲情放慢速度让风轻轻走过脸庞，也有勇气掉头逃离走了半天却走错了的康庄大道。

不要命好，要命硬

1

1983年出生的茅侃侃曾打过一段形象的比喻：创业心态取决于你拿公司当什么。当父母，便要走到最后；当儿女，长大了就放手；当情人，三五年换一个，别纠结。可见规劝自己的事他并非不擅长，然而他还是把自己的生命定格在了2018年，以一句"我爱你不后悔，也尊重故事结尾"，轻轻浅浅地结尾。

可见落在一个人一生中的雪并不清晰可见，人前人后是两个世界。那些人生中的"至暗时刻"很少会暴露在阳光下，如果不是经由自己之口，多半会成为永远的秘密。人们喜欢春风拂面，而把寒冬藏在心里，就连有足够宽广台阶的成功者，都习惯用一句"运气好吧"一言以蔽之，显得谦虚还体面。

但亲历的人会懂，要劳驾"运气"最终向着你，需要经历多么残酷的黑夜。幸存的创业者喜欢说"还活着"。"还活着"和"运气好"一样，是把厚重的积淀盖上了轻盈的蜜糖，本身就是了不起的事情。小说家波拉尼奥写过一句话："不能因为你要早起，黎明就得为你提前。"熬过漫漫长夜，是幸存者的必由之路。

我听过这样一些人生的"至暗时刻"。

1940年的英国，纳粹阴云笼罩，66岁的丘吉尔临危受命接任首相，揽下一副烂摊子。海峡对面的希特勒铁蹄踏破，欧洲几乎全部沦陷，而身边人都在与丘吉尔作对。国王与他握完手后在背后擦了擦手；妻子埋怨他花销过多；自己的党派还在挖墙脚；丘吉尔走投无路时躲在厕所向美国总统罗斯福求助，却遭冷言冷语。电影《至暗时刻》中有一段生动的刻画：一个孤独而恐惧的老人，在书房沉默地坐了一个晚上。

2008年，汶川大地震，57岁的万科董事长王石因为要求万科普通员工捐款以10元为上限的言论，一夜之间成了"历史罪人"。原来是站在巅峰傲视群雄的企业家和登上珠峰的英雄，突然就被打翻在地，再被踩上无数只脚说，"你虽然物理高度登上了珠穆朗玛峰，但是你的道德高度还没有坟头高"。事过10年，王石才坦言，那是他的"至暗时刻"。

2008年的美国，37岁的特斯拉创始人埃隆·马斯克遭遇劫数。赤手空拳来到美国打拼，失去一个孩子，被记者和前妻在媒体上狠狠羞辱，用尽毕生心血的公司却处于倒闭边缘，他说那时的自己"简直像是被机枪轮番扫射"。即便创业就是"嚼着玻璃凝视深渊"，但他更喜欢丘吉尔的名言："既然必须穿过地狱，那就走下去。"勇气又让他绝处逢生。

你会发现，哪里有持金刚不坏之身的教科书式人物，其实都是跨上战马,挺起长矛去挑战风车的堂吉诃德罢了。人与人之间的精力、智力差别并没有多大,唯一的区别大概就是"熬不下去"和"熬出头了"。

到了一定年岁,我不再羡慕"命好",而更喜欢"命硬"。天赐的东西说收回就收回了,习得的本事总是能让你的生活长治久安下去。如果活得够长,你会发现每种"命好",多半熬不过三代。

但"命硬"之人命运一定不太好,半生半死,遭遇坎坷,但总能逢凶化吉,大难不死。撇去运气的成分,更有一种要和不讲理的命运讲讲道理的蛮劲。《倾城之恋》里的白流苏,经历了一次失败的婚姻,身无分文,回娘家后备受冷嘲热讽,哥哥嫂嫂当然觉得这个妹妹是扫把星了,但白流苏想,他们以为我这一辈子已经完了吗?早呢!命硬需要那股子蛮劲——"早呢"。命运是不饶你,但你也能还手。

去翻前几十年的历史,常常让我哽咽。那是中国反复被鞭打的一段时间,我才看到什么是真正的"命硬"。它需要用残酷的方式,不断用那些"至暗时刻"去检验一个人真正的胆识和勇气。木心 20 岁时搞学生运动被国民党通缉,30 岁时又被诬陷偷渡入狱,"文革"年代又被批斗被捕入狱,被折断三根手指,每天吃酸馒头和霉咸菜,饭菜上来还没张嘴,就爬满了苍蝇。这在别人看来是无底深渊,而木心偏偏不认:"你要我毁灭,我不!我不能辜负艺术对我的教养!"他在狱中写了 65 万字的

《狱中笔记》，手绘钢琴的黑白琴键，无声地弹奏莫扎特和巴赫。一生历经磨难但看起来一直优雅坚韧的木心，却在弥留之际喊出了7个字："叫他们不要抓我！"其实，他是把40多年的苦难回忆埋在心底深处，只有在无意识的时候才会表现出来。他没有和任何人提过苦难，看起来永远是一副腰杆挺直、精神抖擞的样子。他一生都屏着一口气，那是他对命运的还手。

所以陈丹青说："你不遇到木心，就会对这个时代的问题习以为常。可等到这个人出现，你要和他对照，就会发现我们身上的问题太多了。我们没有自尊，我们没有洁癖，我们不懂得美，我们不懂得尊敬。"

从高峰跌到低谷的反弹力，这是"命硬"。可是我觉得这哪能归功于"命"呢，那是心气，永远不服气，要抗争，要忍，要等。不抗争的话就会滑下去，去过容易但你看不上的生活。往下是极其容易的，逆流而上才是考验。上去被打下来，再上去再被打下来，你就再上去，再上。张爱玲说那些历尽劫数、尝尽百味的人会更加生动干净。所以我对任何唾手可得的成功都没有信心，对一夜成名的人都怀有担心。我不相信人不经过漫长的磨砺就可以一直稳坐高位不掉下来，我相信踏实、果敢、韧劲、水滴石穿的力量。

就像人们可惜上海这些年错失的发展。活得精细，追求小资，在咖啡厅里坐一下午谈谈创业计划书就幻想有一天能上市敲钟，怎么看都是天方夜谭——别人是拿命在搏啊。

所以我发现我是没有资格认命的。和平年代纠结的名利和成败，在战乱年代的生死和屈辱面前不值一提。这个时代人人都想着"追梦",但对达成"梦想"付出的努力却斤斤计较,对自己所受的"苦"反复衡量,拿缓慢生长的树当作迅速烧掉的柴。我不懂如今那么多"丧"来自哪里,太阳还好好挂在天上呢,人们就迫不及待地大喊"天塌下来了"。

和一位事业已有所成的创业者聊天,问他过去一年的心路历程。他神情失落,说过去一年自己并没有什么进步,原因是已经成为行业佼佼者的他,碰到的"至暗时刻"越来越少了。他唯一的愿望是,能再来一次彻彻底底的逆境,让自己沉浸其中,再一次激发全部的潜能。

所以你看,一个已经逐步走上巅峰的人,最怕的还是——没有"至暗时刻"。

世间的标准常常颠倒,一直避之不及的"黑暗"也许会成为我们获得重生的珍贵礼物,而所谓的"快乐"也许是麻木不仁、混吃等死。哲学界有个经典的题目是:你想成为一个痛苦的哲学家,还是一只快乐的猪?有一个哲学家说,他会选择做一个痛苦的哲学家。因为比起猪的混吃等死,哲学家所拥有的深度思考能力,会带来更高级的愉悦。两者之间的幸福等级大相径庭。

所以世界上也分两种人,一种拿"黑暗"当补品,一种拿"黑暗"当瘟疫。总归是拿"黑暗"当补品的那批人更容易茁壮成长。

美国大法官约翰·罗伯茨在儿子的初中毕业典礼上说过一段特别好的话：

"我希望你们在未来岁月中，不时遭遇不公对待，这样才会理解公正的价值所在。愿你们尝到背叛滋味，这会教你们领悟忠诚之重要。我还希望你们时常会有孤独感，这样才不会将良朋挚友视为理所当然。愿你们偶尔运气不佳，这样才会意识到机遇在人生中的地位，进而理解你们的成功并非命中注定，别人的失败也不是天经地义。当你们偶尔遭遇失败时，愿你们受到对手幸灾乐祸的嘲弄，这样才会让你们理解体育精神的重要性。愿你们偶尔被人忽视，这样才能学会倾听；感受到切肤之痛，才能对别人有同情的理解。无论我怎么想，这些迟早会来临。而你们能否从中获益，取决于能否参透人生苦难传递的信息。"

这听起来一点都不鸡汤，因为光明只有照在黑暗之上才是光明。如若砥砺前行，日后都会转化成力量。孤独、困苦、"至暗时刻"是必要的，成就往往由此得来。但长出这种思想不是平白无故的，它需要你首先经历艰辛与苦楚，也需要你从中获得理解与领悟。更重要的是知道这一点，会给我们带来持续一生的自我教育和成长。

所以你发现了吗？真正的"至暗时刻"并不是黑暗到来之时，不是日子艰难，因为黑暗本身就像是战争开始时的那一枪。真正的"至暗时刻"是，黑暗攻城略地之时，你失去了对抗黑暗的勇气，你溃不成军，你弃甲曳兵，你无法全身而退了。

而我最终想成为的，是可以保持不被任何东西夺走力量的人。

名利场和桃花源

先讲几个小插曲。

新朋友乔治来自纽约。在一家灯光昏暗的中餐馆,他滔滔不绝地谈论自己大半辈子的人生经验:经历了所有的苦难,得到了所有想要的,包括爱人和财富。可最后他还是袒露心声,说其实过去 10 年一直在改行做一个文人和继续在名利场打拼之间摇摆。前者给他自由和思想升华,后者是他对家人的责任。哪边他都割舍不掉。

和一位东南亚朋友聊起中国引以为豪的移动支付和金融科技(Fintech)经验。我们不断甩出"大数据""智能"这些时代热门词语,从网贷谈到支付,从共享谈到信用,正当我想问"你需要这些经验怎么改变你现在的业务"时,他告诉我其实他从事的是完全不相关的一份事业,那是他擅长且喜爱的。但挡不住如今 Fintech 的火热势头,他也想来中国学习,回去掘一把金。

去参加一个论坛,碰到的人都是身兼数职的"斜杠青年",比如天使投资人/歌手,比如淘宝店主/微博红人,比如创业者/畅销书作家/直播网红。每一次看演讲人 PPT(演示文稿)的首页,都会发现,人的职务名比标题长度要多出几个数量级。这让我很惊喜，人们的生命力比社会进程更蓬勃向上。

《冈仁波齐》火了。这部和普通人生活毫无关系的电影，却霸占了普通人的朋友圈。11位藏族同胞历经九九八十一难，穿越2500公里磕长头朝圣。他们没有发展生产力，没有获取功名利禄，本来不该出现在普通人的溢美之词里。往前翻普通人的朋友圈，是马云的励志、王兴的边界和共享经济时代如何掘金的名利场秘籍，可这一次，他们对着那些天外来客仍然称道、向往，说"every step counts"（每一步都算数）。

不知什么时候开始，狄更斯的小说《双城记》好像照到了人们心里。

这两座城池，一座叫名利场，就像现实里的"北上广深"。热门关键词是阶级升迁、企业边界、惨烈幼升小，或者"如何在未来五年致富"的成功学宝典，现实、"接地气"，充满了"第一桶金"的味道。

另一座叫桃花源，仿佛电影里的"冈仁波齐"。在主流价值观的半径之外生存，极具个性化，就是我愿意、我信仰。"新常态"一词近年来常常被提及，好像经济进入新常态，我们的人生也进入了"新常态"。人们终于跨过了唯物质马首是瞻的年代，开始大谈自由，大谈信仰。毕竟爬到马斯洛"自我实现"那个层面的人多了，不用再做一只艰难求生的幽灵，只能投影在理想的波心。

这两座城池，常年横亘在人们心里，没有高下，只有左右。而且我觉得，这或许比要不要离开"北上广"这类话题更值得讨论，毕竟不是每个身在北上广的人都需要考虑物理位置的变动，但他们或多或少都有过那么一段精神归属地的困惑。

可我想说，这种困惑在这个时代，真是太正常不过了。

历史会怎样评价我们这个时代？多半是盛世。人类经过了繁殖完就垂垂老矣的简陋年代，生命无论从长度还是宽度看都在大踏步前进，热点层出不穷，多元的生活方式以旺盛的生命力绽放，我们终于可以在处理完人与物、人与人的关系之后，理直气壮地处理人与内心的关系。借用白岩松的一句话，到了一定时候就不愿意再用时间去换取利益，只希望换取自己的舒服和生命应该有的状态。

这和个人也休戚相关。据说人体每过一段时间都要把细胞更新一遍，所以每过一段时间，人就会变成一个全新的人。以前觉得想明白了的事，再活一活，想法又会不一样。有些人小时候读书就是为了工作，但历经沧桑后才发现读书时就应该好好读书。用名利场最时髦的"大数据"术语来说，就是阅历翻了一番，人生的数据就翻了几番，那么深度学习便有了更扎实的样本，脑袋里输出的也是更高阶的智慧。一开始唯"名利场"马首是瞻的人，总会在某些时候想念"桃花源"，可能是财务自由了，可能是不满足现状了，也可能是想法新陈代谢了。

"双城记"不缺有趣的现象。

有的时候，名利场像是为桃花源修建了高速公路。《宽客人生：从物理学家到数量金融大师的传奇》的作者德曼在华尔街从业 17 年，是著名的高盛量化策略小组的领导人。可有谁知道，他去华尔街之前曾是胸怀大志的年轻科学家、李政道的门徒，当他意识到他与物理学家之间差了 500 个李政道时，才决定投奔名利场。德曼说："当你研究物理学的时候，你的对手是上帝，而在研究金融学时，你的对手沦为人类。"在人类的领域赚够钱之后，德曼重回上帝的地方——学术界。他内心深处对学者这个身份的认同远远高于对华尔街大亨的认同，那是他真正的桃花源，梦开始的地方。听起来这是一个一波三折的"成功"人生，华尔街名利双收的经历，反而让他最后获得了学术界的认可——量化界大奖。如果当初他没在学术前途晦暗时选择换一个地方喘口气，重新找到出口，那么很可能郁郁终生。

有的时候，桃花源会成为名利场的牺牲品。美剧《硅谷》讲了一个天才程序员理查德（Richard）和其同伙幻想用一个有着神奇算法的 App（手机应用程序）改变世界的故事。小有名气之后，当他们真的踏入了资本名利场，便出现了一系列让他们始料未及的困扰。公司卖还是不卖？团队怎么管理？开除人要讲情面吗？公司估值是不是越高越好？没有用户怎么办？同行窃取技术并反咬一口，官司缠身却付不出律师费，投资人只负责锦上添花而不是雪中送炭怎么办？……一系列让人惊心的麻烦，让理查德开始不断质疑自己：是否已经偏离了初心？是否还要继续自己的理想？

而如今更多的时候，桃花源和名利场互为"旅行胜地"。有朋友裸辞后过上 gap year（间隔年），其间开微信公众号、旅行、写作；有朋友爱上了一项运动便辞职玩了几年，花光了钱再回名利场赚钱；或者如开头讲到的那位东南亚朋友，明明在桃花源如鱼得水，也不忘来名利场闯一

闯,攫取些时代红利。有一个形象的比喻说,如今的人们大多"一面是
马云,一面是星云":一面希望如马云一样迅速致富,一面又希望如星云
大师一般通达人生。两朵云在同一拨人身上相安无事,他们以左右逢
源之姿望得鱼和熊掌。我不知道这是不是现代人自我平衡的一种方
式。用两座城池互为盼头,如果只有一座城的话,就成围城了。

而双城记存在的意义,大抵也是自由的意义。

名利场有时候未必有想的那么坏。它一直是年轻人踏入社会的第
一选择。追求财富不是一辈子的事,却是毕业后十年内必须快速完成
的事。名利场不仅仅是财富,还是知识、经验、人脉、资本、"双商"的综
合"打怪"过程,财富只是顺带的奖励。而这些能力和历练未必能在桃
花源里学到。就像磁带,名利场是人生的 A 面,是主流市场和客观现
实,要尊重它、驾驭它。

桃花源有时候未必有想的那么好。印度有个作家写自己转行的经
历,他从哈佛法学院毕业后便入华尔街做投资顾问,赚了很多钱。但问
题是,他从没觉得花钱有什么乐趣,金钱带来的虚荣心也从来没有对他
产生多大的影响。于是,他辞掉投资顾问的工作,转而从事写作。可在
相当长的一段时间,他都觉得自己做了错误的决定。在做投资顾问的
时候他觉得自己是一个大人物,有那么多人希望他分一点时间出来;而
转行后,几乎没有人在乎他在做什么,感觉自己就像不存在了一样。当
然最后他与自己和解了,不再把自己视作一个处在上升轨道的人,这样
他才开始觉得幸福和安宁,写成了自己的第一部小说。桃花源,它是人

生的 B 面，是自我个性和人生理想，要坚持它、抵达它。

人们常常鼓励年轻人"试错"。老实说，我不喜欢"试错"这个词，有时候"试错"的人想的其实是"试对"，万一对了呢，万一成了呢。"试对"的人一定不是平庸的人。平庸的人不喜欢折腾，习惯惯性思维，认为一条路走到黑最完美。而转变，使人生有了褶皱，从而有了质感。

我们面对的"双城记"，很像月亮和六便士，唯一不同的是，它并不是非此即彼的。就像去夏威夷度了个假，来北上广出了个差，精神归属地不是阶层，没理由固化。

所以这些文字从来不想告诉你要偏爱月亮还是六便士，要赖在名利场还是去寻找桃花源。写《月亮和六便士》的毛姆说，这取决于你如何看待生活的意义，对自己有什么样的要求。我想自由的意义，就像获得了双城之间的签证豁免权，无论去哪一座城都可以说走就走，有勇气，也有底气。自由不是放弃现实投奔理想，自由是现实和理想，都可以按需来取，来去自由。

写这篇文章的时候，我手边散落着两本书。一本叫《分享经济》，是 2016 年名利场的教科书；一本是宗萨蒋扬钦哲仁波切的《八万四千问》，扉页上写着：获得解脱和自由之道。有趣的是，这么不协调的两本书放在一起，好像一点也不矛盾。

毕竟，有多条路去抵达美好时，真的是幸运的事。

理想过三巡

1 理想过三巡

　　酒是饭局上最能调动气氛的。我常常看到人们在刚开始斟酒的时候豪情万丈,势必不醉不归,而酒过三巡,人便开始疲软,侃大山、忆当年、吐真言的都有,接下来要么渐入佳境,要么干脆就散了。

　　理想这东西,也有些类似。创业者最开始递交的商业计划书,是最能见野心的地方。增长的百分率和要打败的对手,常常不在常理的射程范围内,感性的人会欢呼,理性的人会摇头。理想很丰满,但最后真的能落实的数字却往往单薄,人去楼空的也不在少数。事实上,据说98％的商业提案最终都会失败,但这个事实很少会被宣传。理想过三巡,同一个目标在心里拿捏过三遍,在现实里摸爬过若干年,接下来该何去何从?

　　我感觉这是比鼓励少年"不坠青云之志"更有意思的话题。我们的文化一直兜售的是要不平凡,要有理想,要知道自己想要什么,但很少会问，后来的鸿鹄仍是鸿鹄，还是不得已成了燕雀？起个头很容易，后来才是最艰难的部分。会十年磨一剑，还是"欲上青天览明月"的最后都"举杯消愁愁更愁"？

讽刺的是，我年长的朋友们常常不认为自己是被命运钦定的那一小部分人。他们觉得四十不惑，就是要"明白自己最终是个平凡的人"，"小富由勤，大富由天"，或者干脆认定"最好的永远得不到"。现实水滴石穿的力道，让他们眼睁睁看着自己顺理成章地背叛了理想。这种不由分说的宿命感多少让我沮丧。时代一次性地成就了一小部分人的人生，而大部分人的理想，最后都靠"认命"来与自己握手言和。

这看起来真是一副"颓败"的中年图景。有人说中年是一个无聊的段落，离青春很远，离死亡也不近，如果不倒腾，就是一段人生瓦解的过程。这听起来异常残酷，像是电视剧里从彩色画面切换到回忆的黑白图景，黑白里摇曳着逝去的理想、新芽般的新鲜和朝气。可再美，也抓不住了；刻舟求剑，只抓得到现实里的腐朽和霉气。

而少年时代，不一定知道自己要做什么，但知道不要做什么。比如文艺女青年一定不愿做一个普通的家庭妇女，蓬头垢面地在每个阳光灿烂的午后拉着孩子冲去各种辅导班；比如心有猛虎的男青年，一定不想一辈子在体制内碌碌无为；比如 20 岁的我，莫名其妙地幻想过 30 多岁可以退休然后周游世界。可是许多文艺女青年最终还是出现在了学而思；许多傲娇男青年最终还是在创业路上伤痕累累，打道回府；而我，也不会一直停留在 20 岁。

　　"认命"就像是一个横在少年和中年之间厚重的屏障,两边谁也不理解谁。

　　世间千万种失望,理想最终在大部分人身上踏了空。诸如"我们每个人心中都沉睡着一个巨人"这样打了鸡血的成功学理论,确实能在相当一段时间内督促我们有所作为。但很可能到最后,理想成为我们身前的猛虎,所有人都追着它从望其项背,到望尘莫及。

ℒ 人间卧底:碎掉然后重建

　　但还是有人会成为那一小部分人。

　　有一个人分享创业心得,说点灯熬夜苦干一年,认为自己做的事非常有价值,即使不打 90 分,80 分总是妥妥的,最后没想到,拼了一年,得到的是 0 分。遇到这件事,他就碎掉了,然后再重建。这引起了很多创业者的认同,创业的过程就是不断碎掉然后重建的过程。每一个最后做成大事的人,都经历过无数次破碎。但对自视甚高的人来说,这显然是一场浩劫,也侧面印证了李嘉诚先生说的:"你想过普通的生活,就会遇到普通的挫折。你想过最好的生活,就一定会遇上最强的伤害。这世界很公平,想要最好,就一定会给你最痛。"

　　有作家分享心得,说如果不是那种"没有生活的生活",就不可能离理想越来越近。比如就在一张张"流动的书桌"上写完一部部大作——列车上的台板、大巴上的膝盖、机场的行李箱、排队等待时的手机上。

又比如，每天上下班坐三小时地铁，用每天的三小时，数年间写了好几个长篇。"你们认为的星巴克和夕阳下，流着眼泪写几行字的生活，我一秒钟也没过过。吃着泡面，几天不洗澡，忍着巨大的心理压力一个个字打出来的生活反而是常态。"

这不像买东西，可以标榜"好的生活没那么贵"来吸引众生。做人做事到极致，一定需要你付出足够的代价。

没有人自带粮草和地图来到人间。即便是含着金钥匙出生的人，也需要靠后天的努力绘制地图，囤积粮草，才有话语权，才有说服力，才会被尊敬。越努力提高认知，对世界的理解也就越清楚，地图导航的准确性也就越高。但可惜很多人一离开学校就开始放弃绘制地图，很多人到了中年自诩有广厦千间、良田万顷，人生经验丰富，就可以物化弱者，一直携带落伍思想上路。只有极少数直到垂垂老矣都在扩大认知边界的人，才能时时刻刻都不走错路，不说错话。

我看着这一小部分人，觉得他们个个都是人间卧底。去极端痛苦和压抑的黑夜里走一遭，然后换回珍贵的生命经验和成功秘籍，能活着回来的同时也成就了自己。你看到的他们，光鲜亮丽的他们，侃侃而谈的他们，意气风发的他们，其实都不是原版的他们，而是碎掉之后重新拼接的他们。

3　向芸芸众生靠拢

而大部分人，是用尽了一生的力气，才变成了一个平凡的人。

世俗之人总认为，能在正确的时间点前结婚是人生大事，能在正确的时间点前传宗接代才算得上是正常，否则生活就没有意义。曾经的我也觉得这是理所当然的事，但后来看多了身边人的分分合合，维持体面关系实则诸多龃龉，逼婚不成就自杀的狗血桥段，问遍名医却始终膝下无子，儿女双全却每一天都在煎熬的故事，才发现真相总是残酷的。七大姑八大姨机关算尽也不过是为了让子孙们看起来正常一点，平凡一点，向芸芸众生靠拢，不被无聊之人乱嚼舌根。

而很多花费数十年心血在学业、事业和家庭上的"别人家的孩子"，最后过的可能也只是比普通人好一点儿的生活，并没有实质性的改变。尽管他们在海外留过学，在业内获过奖，每走一步都小心翼翼，亦步亦趋，每说一句话都瞻前顾后，仔细盘算，靠数十年如一日的谨慎和努力争取到如今这样还算体面的人生。但他们不算大富，更无法企及名门。而放眼更多的普通百姓，他们要争取这样的生活，更是难上加难。

大概也是积攒够了失望，中年人才不会低看"平凡"，更会仰仗"知足"来撑过余生。他们无处申诉，也无处陈情，顶多在酒过三巡后发发酒疯罢了。内心像潮水一样的东西退去了，露出来的就是本来该有的样子。

𝟰　看空而做多

而即便是不平凡的人，那些达成理想的人，最终还是重返了平凡的阵营。

理想，或者说成就理想的附带状态，就像高等数学里的极限，可以无限接近但无法真正抵达。

且不说奋斗这件事是没有终点的。十亿元估值的公司创始人，达到了目标之后想的是怎么做百亿元估值的公司。有记者采访明星杨颖（Angelababy），问她对如此之顺的人生道路有何感想，她说如果顺的话早就获得各种大奖了。可我想，当她默默无闻的时候，一定没有现在的野心。而曾经的我在一步步达到自己的理想——学业、职业时，遇到的都是更牛的同行和更具挑战的事，所以这条路仿佛永无止境。

所有在达成理想之前的臆想，以为从此以后人生就如康庄大道，一马平川，以为自己立刻会成为幸福的和有成就感的人（即便我此时依旧怀念那时澄澈的无畏和盲目的自信），不过是神化了理想。"不平凡"不过是乔装了生活：你开什么样的车，住什么样的房，出入什么样的场合，从事什么样的职业，有多少人听命和伺候，有多少人崇拜和仰望，都只是换了一副生活的外皮。但生活千疮百孔的内核，是无法改变的。

即便是总是出现在福布斯榜单上的人物，也会有儿女叛逆、父母生病、挚爱分离的时刻。理想和不平凡，都不是万能的。

　　讲这样的话题好像特别"丧",但我的本意是,平凡并没有想象的那么不堪,而人们想要达成理想,不应该害怕平凡,而是即便一步步走向神坛,依然觉得命运渺小,自身平凡。梁晓声说,由连不平凡的人都觉得自己其实很平凡的人们组成的国家,前途才是无量的。反之,若一个国家里有太多其实原本平凡但沾沾自喜,以为自己是人生赢家的人,才是最可怕的。

　　很喜欢的一种人生态度是——"看空而做多"。

　　你不需要对"不平凡"有执念,但还是总让自己在不断变好。

　　你知道或许"不平凡"最终都不会降临在你头上,但还是乐观生活。

　　你在周围人的注视下一步步走来,理想成真,也要明白自己最终依然是芸芸众生中的一个。

　　理想过三巡,不论破茧成蝶,还是相忘于江湖,都不影响你不死心,不尽兴,再来三巡。

　　希望看完这些文字你会说,很少有人告诉我,"祝你梦想成真"的下文啊。

　　这里是下文。

人生选择题
之二

每一次被卷入时代风潮的漩涡，

是快马加鞭尽享新新事物的红利，

还是抽身抗议莫名其妙的负累？

在线时代

　　辛格,30岁,上海金融业银行家,收入不菲,消费节制。他在世纪公园有套体面的公寓,同时也是共享经济里的钻石用户。他偶尔小酌,但跑步是坚持最久的爱好。不对每一寸赘肉妥协,是他一贯的作风。这或许是我写的,或许是某款应用通过大数据挖掘出的个人画像。

　　辛格最近有一种感觉,时代更迭快到他小跑都跟不上了。按"圈"索骥的日常,信息成群结队地占领他余下不多的时间。看不透的人工智能,似乎要威胁到他呼风唤雨的疆域。那时候他高分进入万众瞩目的金融系,现在看来只是打工里面不算差的选择。

　　7点,早晨的闹铃骤响,他睁开眼,取下充满电的手机,浏览一遍朋友圈。大部分矫情的感慨、凶猛的代购和无聊的摄影大赛都悉数淹没在几千个联系人扑腾起的浪花里,而发小的互联网金融公司已经成功获得第三轮融资的消息,还是在第一时间砸进了他的眼睛。他还没忘记当年他获得现在这份投行职位的欣喜劲和带着发小去外滩吃大餐的情景,现在却如手无寸铁的网民,以一个轻轻浅浅的被知会收尾。

　　有人汲取满足感,有人充当"点赞党",被全世界朋友的功勋录团团围住，只好递上台阶。辛格决定不理睬那个永不消失的小红点，起床拆开昨天刚到货的电动牙刷刷头。那个跨越太平洋的海淘平台，比起那个"多快好省"的物流，真的毫不逊色。

照镜子时，辛格悻悻发现自己居然有了一簇白发。他的身板依旧挺直，眉头却乱了姿势。据说将来在人体内植入一个芯片，就可以记录身体的一举一动。辛格显然难以接受自己走向衰败的全过程，但至少提前获得数据，意味着他更能争取时间去做顽强抵抗。

8点，昨晚预约的专车如期来接。他拍了一年的车牌未遂，也算贡献了点莫测的 GDP。上班路上他开始扫一遍微信中置顶的财经公众号和私下最爱的自媒体。这个时代给了草根足够的体面，尽管辛格常常被大佬的情怀迷了眼，但阅读一个十八线小城出来的叫作凤姐的人的剖白，还是会啧啧赞叹。间歇期手机跳出天气推送和雷暴预警，还贴心提醒他加衣带伞。他往上滑掉信息的同时，点开了某头条的金融科技推送。几个月前他获悉发小的公司成立时看过几篇类似的文章，只不过，千回百转的心事，都具象成一堆标签，被黄雀洞察。

8点半，照例是晨会，老板在越洋电话会议里厘清下一步战略。电脑前是虎视眈眈的公司内部管理系统，也清晰地把辛格的业绩和工作投入度记录在案。气闷归气闷，倒也公平，关系亲疏影响年末奖金这事以后会变成小概率事件。噼里啪啦不停的键盘敲击声和叮咚响的手机铃声，烘托出紧张的氛围。辛格瞄了一眼，又是中介发来的房源信息。从大爷到孙子的距离，真的不过是一纸限购文。另外让他纳闷的是，他在某房地产网站点击过的痕迹,居然被完美地传送到手机上。这个时代,任何行业的销售都开始飞檐走壁。

当然相比于人,辛格倒是挺喜欢温情的机器人投资顾问。某银行的理财顾问妹子,总是在他账户余额涨潮时兴冲冲打来声音软糯的电话,但如今好像他无论贫富,总会被一个机器小人惦记。他又想起昨晚调戏过的"贤二机器僧",嘴角露出一丝不易察觉的微笑。

10 点,辛格去拜访客户,椅子还没坐热,猎头就打来电话。自从他在某职业社交网站更新了履历后,猎头们就如收到他要重出江湖的消息一般,纷纷跑来充当说客。辛格与客户聊了两个小时,对面的 CFO(首席财务官)一脸严肃,只有在告别加微信好友时眼角往上提了一提。

12 点,辛格懒得赶回办公室,打算在附近解决午饭。他刚打开美食点评,跳出一个框,提醒他之前收藏的店进入某权威榜单。他打开定位,找到最近的五星好评店,打算前往。自从多了这款导航,他发现生活里少了险象环生的经历。他记得大学里请一位心仪已久的女同学吃饭后,因为餐厅选得太糟糕,那女生三天没有理他。

一顿饭的时间,手指花在键盘上的时间也一点没少。突然同学群里传来隔壁寝室哥儿们得重病的噩耗,他的心情一下子跌到谷底。他隐约觉得自己与手机这个辐射体亲密接触的时间太多,会不会也会让癌细胞乘虚而入。当然付钱的时候,他还是逃不开继续挪动手指。支付宝像一只无所不能的神兽,扫平神州大地后,又跑去海外开疆拓土。

15 点,辛格打算联系潜在的合作方。新媒体时代,任何高高在上的人物都不再奇货可居了。从他在那位合作方的官方微信公众号下留言，到换来反馈和个人微信号，也不过是喝一杯咖啡的时光。只是，他和任何陌生人的在线联系，都已经不再有外貌、谈吐和眼神这些传统的东西辅助了。而诸如"baby"和"么么哒"之类的词，从恋人间不说破的小秘密，退化成再普通不过的社交辞令。

他想起那个远房表妹。据说95后最喜欢的工作是"网红"和声优（配音演员）。表妹是一位清透如釉瓷的少女，听说在某直播平台，吸引粉丝近百万。她的野心确实够大，任何一种刻板的生活路径都挤不下。这个世界再也不是以前那样。辛格小时候严格遵照人生台本，好好读书，考入大学，进入最热门的专业，到全世界顶尖的机构任职，经历几次跳槽，收入颇丰，风光无限。就如他的每一位同学，当初披着不同的皮囊，似乎各奔东西的样子，其实都是往同一条路走去。

世界不再是以前的世界了。就像四平八稳躺在安乐窝里却面目模糊的男男女女，已经不再是好的人生定义。就像一个月前表妹上演了一出不懂事的闹剧，辛格都准备好了措辞去振作她没出息的人生，现在却深刻怀疑起自己是不是到了而立之年，都没彻底活出自己。

18点，辛格往嘴里塞了一颗巧克力，打算抽一小时去健身房报到。结果洗完澡打开手机，发现在工作群里被老板@了三次，又被女朋友连环追问。对了，上周他已经被女朋友洗过一次脑，说回复微信的速度，就是检验爱情的唯一标准。他开始怀念起另一个有"已读"提示的通信平台，至少可以证明他确实"不在场"。老板还算通情达理，不会套用同样的理论类比工作。只是一个小时的时间,女朋友估计就已经在心里演了一出宫心计。这次是一支 YSL 口红引发的血案,他无心恋战,对要求照单全收。因为无论他是否"在场",都逃不掉被全面"在线"的绑架。

唯一让他心情平复的,是手上明晃晃的智能手环。手的每一次"线下"晃动,都变成曲线图搬到了"线上",并间接成了他是否健康的标准。嗯,今晚的数字应该不会差。

20 点,晚上加班,继续"搬砖"。微博又传来王宝强离婚案的最新进展,他记得《人民日报》前两天已经做了批评,但"吃瓜群众"还是乐此不疲地传播坊间小道消息。他的手机剩余存储空间不断萎缩,积压了太多这个世界 24 小时的滚动精彩。无论和他有没有关系,他都被一把拎进围观群众的队伍里,尽管此时他正在费尽心力地思考如何获取下一个靠谱的投资者。

老爸照例热衷在晚饭后的家庭群里传播中美关系和养生 100 问,老妈把大部分的时间从厨房挪到了网络,但汹涌的唠叨欲仍然维持在 20 年前的水平:"别忘了 11 点前睡啊,肝开始排毒的时间。"只不过电话少了,都变成了群里每晚必定会就位的字眼。有一次妈妈打来电话,说辛格的爷爷,80 多岁的人了,整天玩手机玩到夜里 2 点,顺便嘱咐一句:"你可千万别学。"辛格第一次觉得,肉身的衰老,在时代的变迁面前更加藏不了拙。爷爷这样一个"老底子"曾获得无数勋章的军人,居然在移动时代彻底蒙了。就如一个应酬新手面对五颜六色混在一起的酒一样,一场酩酊大醉是必然。

22点，雷声大作，辛格想起早上的天气推送，心想明天一定不能再忽略它。大雨倾盆而下，黄浦江对岸的霓虹瞬间成了落地玻璃上不成形的油彩。同事打顺风车走了。辛格在所有的网约车平台轮番加价，却仍然没人接单。他突然想起最近大火的共享单车，果然成了最后一根救命稻草。

大雨渐渐淅沥，继而收起。入夜的"魔都"有暧昧的凉风，在辛格脸上磨蹭。他骑着单车，戴着耳机，《半壶纱》悠长的声线，钻进他的耳朵。1个月前在云音乐App偶尔点播过的古风歌曲，被牢牢记住。歌词里说，"倘若我心中的山水，你眼中都看到"，说的好像就是辛格和"在线"时代的故事。也是每一个你，和"在线"时代的故事。不知为什么，打这句的时候，我底气特别足。

故事当然还没完。

洗澡的时候，辛格有一瞬间的迷茫。无论他心底把这样的生活清算了多少遍，他还是得承认，这是一个奇妙的时代。一方面，整日受困于一部机器，睁开慵懒的双眼观察"马戏团"里的表演欲和野心，注意力被撕成碎片，深度思考读书的时间几近为零。另一方面，他的每一个数码足迹，都被描摹成画像，他手机上的每一个应用，都是他行走江湖的左膀右臂，甚至比自己更能揣摩潜意识的走向。

他明知道每天脚下踩的，是软塌塌的云，不是扎实的土地，但也做不到像朋友那样完全抽身，做出删掉朋友圈，停用微信的壮举。他既暗暗怀揣拥抱新事物的隐秘的欣喜，也不忘婉转地抗议莫名其妙的负累。

说到底呢,自己还是贪心,挣脱不掉,也无心舍弃。

　　23点,睡前他打开阿里巴巴CTO(首席技术官)王坚的新书《在线》。里面写道,尽管现在离不开手机,但手机不过是开始的开始,所有在手机上的东西都会被不断复制到其他东西上,手表、电视、眼镜、汽车都是现有的案例。离线社会的文明已经有了五千年的历史,今天的时代,好比是在线社会五千年历史的头十年。

　　辛格恍然大悟。时代的变化,就好像之前看房子的时候听房东感慨说,本来是想住一辈子的地方,没想到有一天可以轻轻松松地以十几倍的价格被哄抢。就好像,他大学时年轻人趋之若鹜的博客和MSN,现在都成了废弃已久的荒草地。现在的手机即时通信,令80多岁的爷爷惊呼先进。当然也有可能,把一个风靡点赞的年代写进历史,会被后人笑到岔气。

　　23点半,关了灯,辛格也没取下智能手环。他入眠后的每一秒,都会被它细心观察,无论他脑子里演绎的是宏伟的猎奇篇章,还是平稳的一呼一吸。

知识时代

有些人一辈子都在过拼命登顶的生活。

莫扬身上的标签很简单:中产者、北上广新移民。他所代表的这一类人如今屡屡被推上舆论浪潮顶峰,看起来富足安定,实则危机四伏。财富可能抗不过一次金融危机,职场实力多半背靠大平台。除了早早心平气和过上"养老"式生活的人,大部分人脑子里装的,是怎么赚更多的钱。可财务自由对他们而言是一桩永远破解不了的迷案,他们的账户数字后每加一个零,财富自由的标准就又开始松动。眼看阶层上升的通道即将被关闭,所以他们常常幻想,自己是风口上的一头猪。

幸运的人可以一条路走到底,毕业后即便不再触类旁通,也能靠着资历自保。但这样的人谈资往往单薄,不能跨界,做不了"斜杠青年",不属于时下所说的那种"有趣的灵魂"。而莫扬不同,他在任何领域,都不打算交白卷,想做名副其实的"百科全书"。

其实这也是焦虑。

1988 年的女子据说已步入中年,老了的标志是这个世界的好东西都不再摊开手冲着你了,创业公司拼命取悦的是 95 后。德国有句话是：人总是老得太快，而聪明得太晚。如果说不断接受新知识是人生很大的优势，莫扬算是利用这个优势的楷模。因为还不想把这鲜活的世界拱手相让，因为还不能心平气和地老去。

碎片化时间被他利用得一分不剩。早晨开车上班，他会在某知识服务 App 上听某硅谷创业导师的音频专栏；午休时，他打开微信上订阅的在线课堂看上一阵；下班路上，继续打开某 FM 听书。晚饭后开始刷某乎，辗转于各"大 V"精彩绝伦的回答和在线课程中。就连上厕所的时间，也不忘怀揣着手机打开新闻头条。而时间过了 12 点，在线课堂的推送刚至，他又不舍得闭上眼，把世界拉黑。

知识如今变得立体而柔软起来。吸收知识变成了不断破墙而出的过程，而不是像从前那样，是一座座让青春透不过气来的围墙。"成功人士"的海报占领了微信的各个角落，关注可听课，入群可听课，付费可听课……莫扬和那些前仆后继的"知识膜拜者"一样，拜山头学技艺，可私下里他们也诧异，当年在学校课堂上都没有如此上心，如今争相把钱往里面撒。

就好像代表时尚生活的跑步能缓解身体困顿，知识付费大概能在减轻灵魂焦虑上赌上一把。

也确实有用。莫扬发现自己从"意见领袖"那里得到了若干纵横于当世的法宝；譬如看一个人为何至于此，可以去分析他的"原生家庭"；所谓赚钱之道，是掌握"不可复制"的稀缺力量；幸福感的源泉绝不来自物质，而是来自"持久的、发自内心的感触和体验"；又譬如时下最讨喜的成功学，是"永远不要以为你可以扮演什么，只有做你自己，你才有可能成功"。

当红的综艺节目也不再是跑跑步、耍耍宝了。《奇葩说》《诗词大会》，都堆满了知识、智慧和才气。一头扎进去的人们，在苏格拉底的名句、张爱玲的语录和"江南无所有，聊赠一枝春"的诗句里，感叹精神的丰富是比物质的充裕高级太多的东西。他们虽然也追着王思聪叫"国民老公"，但更认同"Smart is the new sexy"（聪明即性感）。

这是一场大规模的灵魂救赎。"终身学习"成了高级知识分子们秘而不宣的默契。面世仅 2 年多的某知识服务型 App 已经吸引用户 2000多万。而"知识网红"也迅速身价暴涨，实现财富自由。他们都说，这是"内容创业者"最好的年代。

这世间上进的灵魂大同小异，能获取的知识如出一辙，最后，拼的是和时间赛跑。无论知识服务还是"意见领袖"，都宣称直接输出"干货"，让那些跟随者不用费劲地在知识大爆炸的海洋里，花上几小时，舀一勺优质内容。

"干货"也是这个时代的异象。莫扬的同学小溪曾在群里说过，我这样一个没有任何空余时间的"二宝"妈，要看育儿知识只会选那种号称"10 分钟就能读懂"的"干货"。而莫扬把"干货"当作暗夜里的火柴，不用费劲去摸索正道，更没有迷路的可能。他心里悄悄藏着冒进的小心思，想以低廉的代价去避免那些昂贵的坑。毕竟与含着金汤匙出生的富二代相比，莫扬拿到的人生牌中规中矩，所以打好一副是一副。

但更多的"干货"，被尘封在他的收藏夹里，和那些怎么也看不完的订阅课程一样,从此以后相忘于江湖。

久而久之,莫扬似乎确实在这个巨大无形的知识链条上往上挪了挪。知识链和财富链最大的区别在于,前者的竞争相对公平,没有10000小时的持续付出,专家就不能立足于强手如林的江湖。而莫扬这类中产者、北上广新移民,在知识链上可以俯视许多富二代和土著。他在某乎上也开始有了人气,邀他作答的粉丝不少,从特朗普上台到要不要同情宁波动物园里的那只老虎。而他每答一次,"知识膜拜者"们又会涌过来点赞关注,一如曾经的自己。

故事到这里,好像是一位初级"知识网红"的养成史,但情节开始有了转折。

如今他才深有体会,知识是深广的河流,能在网上信手拈来的,往往只是一片狭小的珊瑚地,虽然美轮美奂,但较之整片海洋的恢宏,差之万里。网上得来的是碎片化的资讯,不是成体系的知识结构,摸不清整条脉络,便很难触类旁通,形成自己的一幅知识图谱和一整套三观。而莫扬在回答粉丝的每一题时,都翻了经典著作,做了足够的功课,才敢下笔。他在知识链条上真正的飞跃,其实来自他后来真正的"身体力行",而并非之前"意见领袖"的授予。

在他还没有形成一个核心价值观时,他是被不断操纵的。"意见领袖"们多有意见相左的时刻,会让一知半解的跟随者更摸不着头脑。当他踏过知识田地进行扫描式阅读的时候,他根本没时间思考,更不用说静下心来去做科学的考证并提出批判。而当他依赖于某位"大 V"的"偏见"，他脑子里更好的理解或许就悄悄不战而败，丧失了领地。

他终于明白，当真正的智慧沉到岩石下面以后，浮在面上的往往都是些泡沫。

莫扬开始渐渐抽离互联网这个喧嚣的知识是非地，偶尔也会帮助网友解答问题，但谨言而慎行。更多的时间他会一头窝进图书馆去读经典。这些经历了时间考验的知识，能让他的心安静下来，脑海里的知识图谱慢慢开枝散叶，演变出更完整、更清晰的脉络。这样的过程，还伴着一种说不出的仪式感。

他也放弃了成为"百科全书"式的人——用那种人云亦云，照搬"大V"的模式。但其实每个心灵都有独特的纹理，而越优秀的心灵越不可能被塑造。他开始量身定制自己的书单，80％是自己感兴趣的知识，20％是活了这么多年还从未涉足的领域。

他开始慢慢理解许纪霖的话："一个优秀的人、会读书的人，通常有两套知识：一个是他的核心知识，那就要读经典；一个是背景知识，需要你泛读。将这两套知识组合起来，能做好任何事情。"

曾经最怕错过，如今学会止损。知识是深广河流，他只取能圆满心灵的那一瓢。

把人当"人"

1

中华民族大概是世界上最重视教育的一个民族,古有孟母三迁,如今有360度的课外辅导军备竞赛,连年少辍学的韩寒都回头劝大家要读书。高阶层一掷千金,底层也拼命抓住教育这根稻草,试图把阶层打通。这很难说是坏事,国强则教育一定要强,但副作用同样明显——焦虑、短视、盲目跟风、群魔乱舞,所以还没提笔我就开始觉得沉重。

于是我快进了一下我的受教育经历。

20世纪90年代的中国教育还没那么歇斯底里。父母很坦然地把我放进了一所普通小学,好像他们一开始就极其笃定好学校不如好老师,外力不如自驱力。当然我当时的表现也验证了他们津津乐道的理念:三过电视机而不看,读的书常常比老师超前,自学好像是习惯成自然的。据说有一次我考了99.5分,回家就开始掉眼泪。有研究说具有强大自驱力的人往往会有一种深切的危机感,好像生活随时会毁于一旦。但我那时父慈母爱、家庭美满，所以那点自驱力或许主要源于上进心，当然力量不会很大。

初中时我非常轻松地考进了民办学校，从此以后我就被送进了一条所谓"精英教育"的窄窄管道里，不见天日，埋头学习。高中时班里几乎人人都在搞竞赛，毕业时有相当一部分人可以通过竞赛保送最好的大学。高中文理分科，一旦选择文科便意味着要从竞赛班调到普通班，于是许多文科方面特别有天赋的姑娘都毅然跳进了数理化竞赛的大潮。那时候的我们像极了电影《无问西东》里的吴岭澜："为什么学实学？因为大家都说实学好。"我们被主流价值观推动，也被自己内心的软弱和恐惧推动，不知如何看待自己，便不知该如何取舍。

我在本科一开始接受的就是"自由博雅教育"，或者说通识教育，前两年不分专业，广泛涉猎，选你所爱。回过头来看，这样的教育追求知识的广度，不为职业技能和经济回报服务，是为上策。可你知道吗，我们私底下还是偷偷地选热门的、好通过的课程，连老师都会悄悄为我们的 GPA 和推荐信操心。美国作家布鲁克斯发明了两个词叫"简历美德"和"悼词美德"，前者致力于实用主义和功成名就，后者注重精神和品格层面的修行。而教育体系，多数时候还是以"简历美德"为导向的。

我的研究生生涯浸泡在商学院、酒会、社交、实习、熬夜工作之中，我们当时打趣说"这叫提前进入投行的生物钟"。所以这更像是一种职业培训，而非学术滋养，尽管教授我们的老师多是鼎鼎大名的经济学家和学者，个个学富五车，充满人格魅力，在一些时候的确劈开了我们狭隘的灵魂。但以"简历美德"为导向的社会,还是没放过象牙塔中的我们,只实习不上课的同学屡见不鲜。

所以你会发现,在这段冗长的所谓"精英教育"的通道里,存在着一些显而易见的问题。当我后来以行业导师的身份重回学校,发现还身在其中的同学仍然对"主流价值"抱有不容置疑的热情,甚至某些主流价值事实上已经走向末路,而他们却对整个社会态势所知寥寥。一如每一代的青年,包括当时的我,还没厘清身上的纹理,就开始为普世价值观奔走;还没来得及开发自己的生命,就成了工业化社会中一颗娴熟的螺丝钉。

"就算是那些曾经赢得无数奖项的最成功的学生,他们也会在某个时候停住脚步思考这一切是否都值得。在他们三四十岁的时候,他们是社会公认的有成就的医生、律师、学者、商人,但他们往往让人感到,他们不过是一群在终生竞争的集中营里茫然的生还者。其中有些人说,他们最终从事的职业是出于他人的希望,或者他们随波逐流并不假思索地加入了目前从事的职业。经常有人会说,他们没有去体会自己的青春,他们从没有生活在当下,他们总是在追逐一些未经深思熟虑的目标。他们总会思索,曾经的努力是否都值得?"

《优秀的绵羊》一书中有过以上这样一段叩问。虽然并不绝对,但我想对于大部分匍匐爬出冗长竞争管道的人来说又是必然。要出类拔萃多半需要服从于社会的竞争体系,要花费大量的时间去应付,去过关,从而牺牲独立思考的时间和个人探索的乐趣,而这些牺牲掉的东西又恰恰是构建一个人内心和灵魂的基石。就像一位耶鲁大学的学生说的："我也许是在受罪，但是如若不曾受罪，又如何被耶鲁录取？"

就在这种矛盾也无解的撕扯下，教育开始了恶性循环。原本教育的使命在于把心点亮，在于激发体内休眠的那部分能量，在于让你通过一棵树而看见整片森林，进入更广阔的世界。教育是播种，是点亮，而我们却把它演绎成了战争。

从幼升小厚厚的简历开始，到学区房和学而思一个都不少，再到"辅导 SAT（美国学术能力评估测验）一小时 2500 元，陪做作业一个月上万"的砸钱式教育，这些都和教育的本质没多大关系。美国作家华莱士甚至认为，教育真正的价值和学位、成绩完全无关，只和生命的自觉和觉醒有关。从这个角度来说，教育军备竞赛就像一场毫无逻辑的战争，打赢了也夺不回失地，因为战争的结果不是平地起高楼，而是满地皆废墟。

从我有限的生命经历来看，也知道教育真正的目的不在于复制一批精致而无可挑剔的优秀模板，而是应把人当"人"。人有智慧、信仰、荷尔蒙，也有缺陷，是宇宙中最高级的生物。而人要最大化自己的生命价值，他接受的教育应当是：

能使他丰富，而不是只活在一片横截面上；

能使他成为真正意义上的"人",而不是机器,不被"物化";

能帮助开发自己的生命的,而不是复制品。

先来说丰富。

当从"精英教育"这条窄窄管道爬出来的时候,我们被顺理成章地送进了一条窄窄的精英式职业发展之路。在当年最受推崇的投行门口,挤满了各种学金融甚至不学金融的同学。金融成了众人皆爱的专业,投行是所有人毕生的追求,这本身就是一件诡异的事情。但对于一个还处于茫然阶段的人来说,一个现成的、成熟的、被所有人推崇的选择,简直就是一个信号强烈的 Wi-Fi,连上立马可以摆脱信号微弱的人生。

精英们面目相似,聪明且雄心勃勃,对成功有着一种被压迫式的渴求,并乐此不疲。他们在陆家嘴、曼哈顿或硅谷混得风生水起。他们在地球上的位置,就如他们的职业选择,都聚集在了一个窄窄的金字塔尖。如果人生的宽度是一道光谱,他们多半会挤在窄窄的一道红色里,看起来很耀眼。

但荣誉也像落在肩膀上的力道,按住你,成为枷锁,所以精英们常常不敢走错一步——成本太高,因此接触的人间就永远是那么一片薄薄的横截面。就像选课只选有把握的课,无法越过安全区域,就没有办法思考自己真正的追求。思考的大多是和现有选择与即兑利益相关的事,落入自认为应该追求的陷阱。

　　这样的人不在少数，而且多半会活成"拼图式人生"。完美人生有预设的样子，集齐碎片，便是赢家。而很少有人会活成"积木式人生"，那是自己决定的，自己生长的样子，没有模板。电影《无问西东》里说："这个世界上不缺完美的人，但是很缺从内心生出来的真实。"真实需要脱离一些世俗，成为独立的生存者，甚至抛弃过往，破釜沉舟。这是优秀者的大忌。

　　为什么教育出的那么多优秀的学生，却最终慢慢消失于人海？为什么那么多高考状元，最终没有成为特别厉害的人物？因为优秀常常是卓越的大敌。我们都纷纷点赞马斯克的火箭，但很少有人敢去参与他"S"形般的人生。如果一路都是得到，就根本谈不上真正的自悟。黑暗、挫折、弯路、失去、割爱，才算是真正走向成熟的标志，也是任何人走向卓越的必经之路。

　　就在我写这篇文章的时候，又听到这样一个故事。一位常春藤盟校毕业的学子，拿到了脸书（Facebook）和某一家不知名创业公司的两个录用信，前者给出丰厚的薪酬，后者给的只是一些价值缥缈的股票。故事的主人公保险起见选择了前者，但他刚入职 Facebook 就收购了那家不知名创业公司，之前后者承诺的股票足以让他获得一辈子的财务自由。

　　而故事耐人寻味的地方在于，几年后，这位主人公又遇到了类似的情况，在两个岔路口面前抉择不定，最后还是选择了一条保守安全的路，而他错过的那家公司，又很快成了美国众人皆知的超级独角兽公司。这是一个关于错过的故事，但真的只是"错过"吗？

精准的大局观是命运关键点的舵手，也就是那个拐点，把人在优秀和卓越之间划分了阵营。更深层的源头是，教育是不是赋予了你胆魄和勇气，要"丰富"而不仅仅是"优秀"，要活得更"多"而不仅仅是更"好"的价值观。你敢不敢下水，敢不敢放弃，心里是不是天地都宽广？事实上，没有那些好的、坏的、新鲜的、惊险的、孤独的、绝望的、独有的经历，人成不了一个真正丰富的人，更无法精准地收获人生智慧。

再来说车间里的机器和真正意义上的"人"。

我很喜欢一句话是，让机器来教知识，而让人来教人。

要深谙解题战术，把知识塞满大脑，老师只需要成为一台机器。但人不同，人有品格，有情感能力，有性格缺陷，有执念和盲区，有意识和潜意识。人常常在年轻的时候就要选择要不要结婚、和谁结婚、要不要生育孩子、相信怎样的人生观、选择怎样的生活方式、如何在黑暗中坚持下去、如何克服懈怠选择毅力、如何适应不断变化的时代并与自己天性中的局限性抗争。这些问题的答案很少会从现有的教育中获得，考满分也解决不了复杂的人生困局，多半只能靠自悟。而自悟又常常效率低下，后悔是常态。

有人给现有的教育体系取了一个好听的名字，叫"工业化教育"，工业化教育最擅长培养车间里娴熟的机器，但撑不过变化，时代一过就容易被淘汰。

　　人间还有很多精明的人，摘得学术桂冠，赚得盆满钵满，整天忙碌但不快乐，充满焦虑，不知道生活的意义和人生的大局，灵魂还是一片废墟场。

　　人间也充斥着各种致力于"简历美德"的人。名校是职业的跳板，知识是变现的跳板，把每一个受教育的阶段都当作桥，用来过河，而不是扎实的、要走的路。对于一个习惯过桥的人来说，对任何一段不是桥的路、不是跳板的台阶，都会心生厌烦，认为是在浪费生命，正如那些"不能提高分数为什么要讲，不会考的为什么要学"的功利主义者。

　　要对付和点亮这样一群人，博学难以解决问题，高分同样无能为力，性情、品格、价值观、毅力、终身学习能力等这些教育战争基本忽略的问题，才是密码。这也涉及教育里难以直接评价的那一面。教育不是简单粗暴可以立竿见影的特效药，只要花钱和做题就好了。它需要把人当作真正的"人"，是九曲人心里的探测器、润滑剂、修补剂，才能逐渐治本。

　　而开发自己的生命，就如在冰山一般还未开化的头脑里劈开一条路，是教育最让我兴奋的价值。

　　常常听到这一代的父母，会按时代所需来预判孩子的走向，是读哈佛还是耶鲁，是做银行家还是律师，是做交易员还是人工智能专家。可我总觉得被父母着急用偏见去定夺的孩子有些可惜。这样一来，一个独立的生命就变成了父母生命的衍生品。

051辑 原来
生命是时时刻刻不知如何是好

好的教育总是喜欢自由生长，用尽天赋，而不是随意派发结局。每个人都带着特定的天赋来到人间，如果到老都没有完全展现自己的天赋，是遗憾，也是浪费，就像还没泡出真味就被丢掉的茶叶。做有天赋且擅长的事，从长远来看对生命有益，也会被真心对待。发现天赋，释放天赋，教育是关键的一步。就好像灵魂好不容易"怀孕"了，教育要做那个"接生婆"。

而在我成年以后，对"人"这种转瞬即逝却又有巨大能量的东西产生了兴趣。再回头看过往的教育和曾经的错误百出，我才发现好的教育，是可以帮助人们彻头彻尾地去理解自己，承认自己的局限，并把余生作为一次不可多得的机会，去探索、体验、学习，进行自我教育，完成生命的开发和迭代。

这真的比做一个精美无缺的复制品、一台了无生趣的车间机器、一个简历美好却悼词悲催的人，有意思太多了。

末日过境

朋友圈是一个神奇的地方，上一回某明星公布恋情的"发糖"期还没过，接着就轮到了金融圈的集体"奔丧"。

英国"脱欧"占据了几周的新闻头条。这当然是痛苦的，汇率贬值与未来发展蒙尘，哪一样都是代价。但是人们怕去谈论代价，是因为无法承受一下子掉出舒适区后短期的慌乱，却低估了纠错与清零后带来的长期价值。这世间几乎没有一种可以占尽所有好处的活法，既要野生的自由灵活，又觊觎招安后的利益捆绑，不可能。

反过来讲，英国"脱欧"也会让欧洲人更加慌张。停滞的竞争意识、过激的一体化政策，是不是都会一步步撕裂掉自己？有可能。英国"脱欧"倒是变成了一记能打醒他们的拳头。这和人生一样，没有哪一个可以称作保险箱的东西能为你的终生买单，颜值、不与时俱进的才华、不进步的婚姻、看起来像是铁饭碗的工作，都不能。所以面对无数分析师理性地权衡利弊，列举英国"留欧"的种种好处时，我反而有一些黯然。

能把你捧在巅峰的，是天时地利人和，可让你双脚落地并爬得更高的，往往是一次灾难。

　　人间这条路，"脱欧"也从来不是形单影只的。飞来的一场横祸，心存芥蒂的告别，意外中断的按部就班，冒犯了你固有的体制，触犯了你得过且过的日子，大动干戈地来一次清零，把温床化作斗兽场，从我有限的认知来看，也塞满了人生的旮旯。

　　所以我并不想评论英国"脱欧"这件大事，是否能从一堆噩耗里藏下希望，而是想说说人生这件小事，在裂变以后，在"没得选"以后，如何去收场。

　　战国时期有个老头儿，住在边塞。有一天，他家的马跑到胡人那儿去了，大家都来安慰他。老头儿说："怎么就知道这不是一件好事呢？"果然没多久，他家的马带领着胡人的骏马回来了，大家都来祝贺他。老头儿说："怎么就知道这不是一个祸患呢？"果然没多久，他的儿子从马上摔下来，摔断了大腿。大家都来安慰他。老头儿又说："怎么就知道这不是一件好事呢？"后来胡人大举侵入，青壮年男子都被征兵参战，唯独他儿子因为腿摔断了免于征战，父子得以保全性命。这是《淮南子·人间训》里的故事，它可以警醒后人的，不光是那句"塞翁失马，焉知非福"，还有太阳底下其实没有新鲜事。

　　所以我首先想说的，是"认知"。我们大多数人的前二十年，往往是从非黑即白、一刀切的认知开始评论世界的。只要是打破常规的、背离常理的，就被称作"坏事"。对于坏事，我们通常会慌乱，强烈地否定，且纠结于短期的痛苦。可当我们历经世事，便开始以更开放的视角，更平和地去斟酌每一个意外。事后来看，危险与安全不过是一张报纸的正

　　反面,翻过来很容易,而先入为主的定论,反而会拖延与命运和解的时间。

　　所以有个观点是说,虽然英国脱离了欧盟,从局部全球化当中退出来了,但却能参与更广泛的全球化,跟其他国家建立更广泛的联系,"脱欧"说不定会是件好事。

　　龙应台有一篇风靡大陆的作品,叫作《相信与相信》,是说年轻的时候相信的东西随着年长渐渐地变得不相信,而不相信的东西却慢慢变得相信。那些慢慢开始相信的东西,往往都是些老生常谈。"不破不立""船到桥头自然直""生于忧患,死于安乐",这些都是年轻人特别不屑的老派言论,可在你的人生当真"脱欧"以后,或许你才会真正觉得醍醐灌顶。

　　再讲个现代的事。Fintech(金融科技)无疑是近来占据媒体的热点。它的出现,像是一只外来的怪兽,来势汹汹地闯入华尔街。年轻一代的客户流失,银行裁员数以万计,动荡或许是常态。Fintech 之外,最近还出现一个词叫 HRtech,是人力资源与技术的结合体,通过技术进行员工招聘、评价和分配,还帮助员工分析最适合的工作,听说已经帮助了瑞士信贷的 300 个想要离职的员工放弃跳槽。还有一个叫 Edtech 的,是科技带动教育的玩法,不仅包括在线学习,还包括计算机科学和机器人。除此之外,未来的无人驾驶技术或许会代替司机,机器人厨房或许会代替最声名远扬的大厨,而通过把无数病例输入机器人的程序里,机器人看病的准确率会超过一个行医几十年的专家。

　　所有的一切都在告诉你,传统行业、重复性高而缺乏知识含量的行业或许会经历一段痛苦的时光,固有的体制已经跟不上时代的发展,会切割、让渡、裂变甚至消失,它和如今深陷泥潭的欧洲一样,都急需一场变革。

　　这倒印证了赫恩曼妮的一句话:我们太容易把生活视作线性的、前进的、向上的过程,但生活恰恰是螺旋的、有进有退的、迂回曲折的。

　　可好消息是,金融机构也完全没闲着。随着优步时刻的来临,它们有的通过风险投资的方式尽早介入科技金融,有的直接收购好的标的公司,有的与技术公司合作开发线上产品,谁都不愿意让自己陷入闭门造车的危险境地。因此,未来我们会看到的是,金融科技公司越来越像银行,而银行却越来越像科技公司。

　　我曾想到"兵荒马乱"四个字,可这些"有条不紊"都仿佛在告诉我们,它们如何在摇摇欲坠的大厦旁,一步一步重新铺建自己的前路。

　　这里演绎的就是"应对"。变化,从来都不算是最差的情况。所以如何思考"应对",比一味纠结去留,诟病对错,有价值得多。最盛大的奠基,都不如"灾后重建"的精密部署来得更实在。

　　最后讲讲人。

　　李开复讲过一段很好的话,大意是这样的:父母知道的,很多其实都是错的,因为父母那个年代的事,现在已经不是那么一回事了。过去热门的专业,现在不见得热门。10年前如果有哪个父亲在孩子报考大学时叫他去学大数据,我佩服他。如果父母总是用"安稳"去制约孩子,那么那些"安稳"都会在未来被机器取代。

关注马云的人，都知道他特别习惯抛出"危险论"。别人说阿里巴巴风光无限，而他说其实自己每天都如履薄冰。他说现在是阿里巴巴最危险的时候，别人对你的期望值太高，觉得你们公司什么都能干。而当一个人认为自己什么都懂、什么都能干的时候，麻烦就来了。

所以这是我想说的第三件事——"预防"。有人说英国"脱欧"也并不算是从天而降的大事，嫌隙和危机早就存在。而生活里任何一个"小意外"，其实都可以作为疑点和漏洞的范本。

举个特别小的例子。我常常在想，很多父母把惊为天人的童言童语，骄傲地写在朋友圈里，有时可能不是孩子有多出类拔萃，而是因为父母自己停止了成长，所以才会格外把这些成长当一回事。而孩子不同，他们每天都在汲取最新鲜的知识。教育的进步把我们以前小学才学的英语放到了幼儿园，把以前大学才学的微积分放到了高中。而沉浸在家庭事业琐事中的父母，是不是每年连看的书都屈指可数呢？

如何不被时代抛弃，如何与时俱进，对于"温水煮青蛙"般并不敏感的我们来讲，其实不容易。

可还是需要有所准备，不是为人生的"不裂变"，而是即便"裂变"以后，也可以迅速地从地上爬起来，拍拍身上的尘土，抹掉嘴角的鲜血，笑着说，这些艰难终将会成为勋章，末日来过，而我的人生才刚开始。

人生选择题
之三

在与友情、爱情、社会同舟共济的时光里，

是一鼓作气还是偃旗息鼓，

是明察秋毫还是姑息养奸，

是直抒胸臆还是权衡利弊，

是自主选择还是刻薄自己？

只缘身在朋友圈

我们真是很容易被控制的物种。"谷歌人民币汇率到 7.4"这个标题刷屏了,焦虑自然不在话下;《你的名字》这部纯爱日漫刷屏了,票房自然不在话下;朋友圈一位父亲为身患白血病的女儿筹集善款的文章《罗一笑,你给我站住》刷屏了,几百万元的捐款自然也就不在话下。

我并不想谈论这个卖文救女却被扒出是疑似"骗捐"的事件本身,因为这世界上本无热点,被控制的人多了,自然就有了热点。我也不想探讨该如何把善良掰碎了精准地花,这和你对着地铁里四肢残缺的卖唱女思考要不要拿出钱包并无二致。作为一个普通的移动互联网网民,我只是沮丧地发现,当冰山仅仅在海面露出一角的时候,几乎所有的人,都选择了相信,选择了被控制。

被社交网络控制最成功的案例,都出自政界。据说英国"脱欧"成功,离不开"脱欧派"在社交网络的运筹帷幄。特朗普当选,同样是在互联网社交媒体笼络了话语权。在一个摸透人性的互联网工具面前,我们的独立思考能力在节节败退。成功者都是洞悉了社交网络丛林本质的人,而被它美丽表象迷惑了的人,就是我们。

是的,网络都能改变世界了,影响你的脑回路更是易如反掌。难怪有人说,你一脸天真地去混微信朋友圈,只会越来越笨。

据我考察,社交网络里多的是随意的情感宣泄,少的是深思熟虑的统计结果;多的是不断发布自己相信的东西,少的是臣服于被挑战的信仰;多的是要仰着脖子去看的"宏大诗篇",少的是平行生活的各种龃龉。但最让我讶异的是,互联网时代的人们,仍是世界上一个个鲜明的群族,大部分驻扎在各自的阵营,懒得探头外望。

稍作观察你会发现,与其费力去广泛涉猎,人们更习惯于看朋友圈,或者订阅微信公众号中的内容。到了一定阶段的人生,信息的获取沦为只为"刚需"服务,不为"真相"负责;依赖单独渠道,不做多层考察。人心被带跑的速度,只和煽动程度有关。我们只相信我们周边的人在谈论什么,我们认为世界就是这样的。如果我们没有跟上刷屏的热点,我们就与时代格格不入。如果我不认为他们说的是对的,我可能就是错的。如果我不效仿,兴许就错失了良机。用"同道中人"的经验映照自己接下来要走的路,才会有安全感。人们总是感叹这个时代的伟大发明——朋友圈,即便它把生命里不断路过的圈子搬到了线上,它的本质依旧是一台自动分拣机,根据圈层划分眼界。真可谓是:不识世界真面目,只缘身在朋友圈。

有人说人的购物欲往往是被眼前陈列的东西所激发出来的,我想观念也是,行为也是。

在富豪的朋友圈里,大家纷纷跟踪投资风向,晒单人生追求,偶尔也学段子手们创造人间笑料。95 后在朋友圈里已经不再关心"如果你妈和我同时掉进水里你该救谁"的老式爱情题，他们已经开始研究"女朋友和妈妈互换灵魂"之类的高阶脑回路题。在长辈们的朋友圈里，人们关心养生、国际关系和"打死你都不能错过的 100 个生活小常识"。在学术大咖的朋友圈里，转发的是论文，是点赞谁的文章又登上了国际期刊，谁又收获了一个聪慧过人的学生。而在网红圈，大概是满屏"锥子脸"，会说话的长睫毛配上一段段揍了蜜的文字——"今天宝宝长这样呢"。

所以如果我的朋友圈里同时有富豪、95 后、长辈、学者和网红，那种感觉像极了在一片平静的草原上，好几拨长势明显不同的物种相映成"灰"，谈论着相悖的话题，论断下得斩钉截铁，压根没有美感，看多了会精神分裂。

大相径庭的物种暂且不论，可每次看到两拨临界地带的人群，我总是分外感慨。明明近在咫尺，目光从一句滑到另一句，仍需要跋山涉水。

金融圈子里依旧是一派盛世祥和的景象。银行家们讨论奢华的年会，举起酒杯庆祝继续稳坐的江山。而 Fintech 的圈子里却在紧锣密鼓地筹备翻盘方案，密集出产的报告一直在叩问中国银行业的明天在哪里。冷箭嗖嗖放得越快，战局掌控就越有把握。但江湖地位很像世界局势里的中国，老牌强国是感受到你的威胁了，但离实至名归还是差了那么一截。

普通妇女的圈子在讨论丈夫出轨了怎么办，女性作家的圈子却秉持"改变不了你就换了你"的主人翁姿态。让一位女性独立自主、笑傲江湖这种事，对于一拨女性来讲是天经地义，对于另一拨来说却像是剥了一层皮。

前阵子名声大噪的"丢书大作战"，在文艺青年圈里，像是一次把自己珍藏的桃花源公布于世的盛宴；而在普通青年圈里，似乎连那么一点儿小浪花都没被激起。

看起来这真是一个令人沮丧的事实。每个人都天真地以为自己的圈子就是全世界，其实自己不过是世界的冰山一角。每个人都把自己放进了一个预设的圈子，却慢炖了一个狭隘的自我。互联网的开放与平等，依然在逐渐用户圈层化的现实里败下阵来。每个人的生活，其实都是悄悄地在漫长的相对封闭的过程里自圆其说。

其实早有征兆，当你的朋友圈有一天闯入"天外来客"，发的都是你看了会皱眉的东西，但你看过就看过了，这不会影响你的"主流世界"的秩序。就好像，你在二环的 CBD（中央商务区）看到了五环外的乡村建筑，你一定以为你眼花了。而那个五环外的人看到你这个二环人每天发的"钢铁森林"，也会生出同样的表情。当然，你们还可以互相"屏蔽"，让自己的主流世界更加清明，驾驶更加平稳。

世界是平的，抖落的"复杂"，落在了每个人"筛选"的圈子上。

斩钉截铁、照单全收的方式总是会有闪失的。且不说生活里总埋藏着无数秘密和不为人知的隐情，更重要的是，因为圈子的不同，观念、行为和格局，都硬生生被折叠了。圈子越大，看得越多，越不会被小事影响，否则一叶障目就是常态。

人生也是一场"深度学习"（deep learning），这意味着每过一段时间，就应该超越自己的经验，以前的行为模式、思维格局和社会圈层，不断输入海量"数据"，重新不断地学习，才能更精准地收获人生智慧。

我突然开始觉得自己幸运，我想到那个杂草丛生的"草原"似的朋友圈，那反而是一个"均衡"的生态，有着海量数据的存储。不断跨界的好处，就是从前宏大的圈子现在觉得渺小，从前觉得不起眼的行业现在觉得伟大。学习过不一样的世界，丈量过各自迥异的人生，深度学习的样本，俨然有了扎实的基础。

扎营是人的本能，取暖也是。而一把停住正慢慢合上的圈层，就如在高铁时代看到绿皮火车，金融民工被科技新星突袭，二环的CBD白领看到五环外的残垣破瓦，是跳出了逻辑自洽的生存方式，与更广阔的人间对接。那么下一次刷屏的热点，即便你让它躺在牙缝里被咀嚼几天，也不至于把残渣当作精髓，一股脑儿吞进肚子里。

跳出友谊的小船

1

我常常在想,那些翻脸比翻书还快的,是不是真的算作适应社会的人类。

善于隐藏情绪才是多数成年人的人生啊。有面目可亲实则疏离的,有八面玲珑而不付诸真心的,也有练就一身被冒犯后能自我治愈的本领的。我真的亲眼见过,有人接起电话称一句"老王你的忙我肯定帮啊",放下电话积满口水喊一声"呸"的奇幻画面。

你瞧,人们并不缺少疏导怨气的通道。所以就如吞下一筷子充斥着亚硝酸盐的隔夜菜一样咽下不情愿的气,不过是认为在宽厚和计较的表现之间选择后者,多数会得不偿失。

抛却这类赤裸裸的世故却血淋淋的真实场面,更多的时候,源自我们从小就被教育成要做一个学会"付出"的人。

我想我的外婆会是一个特别好的例子。她是一个我见过的把无私写满心间且践行一生的人。所有送往外婆家的山珍海味，都只是形式上过了一道外婆的手而已。上一拨离开的客人的温热气息还没散尽，那些大包小包就转送给了下一拨客人。假若当时家里并没有什么特别好的东西回馈，外婆大概会接连难过好几天。而至于为什么外婆家永远门庭若市，那是因为快 90 岁、手脚并不利索的老太太会挨着个儿招呼各家来尝尝她四点就起床忙活一整天的好手艺，且乐此不疲。这些年里所有的索取，换来的永远是外婆好脾气的"没关系"。

　　一个和我差不多年纪的在上海闯江湖的姑娘，和我诉说闺蜜向她借了一笔钱却拖延许久都没有还的故事。其间此闺蜜有若干次"发了工资就还"的"雷声大"却终结于"突发状况还不起"的"雨点小"。这些"突发状况"包括：突然失业了，突然需要一笔额外的众筹投资，为了使自己信用卡不分期，等等。而同时她在朋友圈晒的，却是满世界旅游，买手店里收的独一无二的包包和新发掘的水光针。有人劝姑娘直接去催债，亲兄弟也得明算账啊。但她终究羞于启齿，谁让那个是自己认识了十多年的好闺蜜呢。

　　你有没有发现，友谊的小船说翻就翻是一个小概率事件。与生活同舟共济的时光里，多数人都埋藏着生而为人的软弱。洞若观火的人偃旗息鼓，明察秋毫的人姑息养奸。绑住他们直抒胸臆的绳索，大概有亲情、友情和那个叫作社会的利益牵扯。连两个居心叵测的人，都可以分分钟把快捅破的窗户纸糊成雾里看花，把那些虚情假意经营得特别像友谊。

　　龙卷风和暴风雨其实来了无数次啊,但你仍然撑着友谊的小船日行千里。因为浑身湿透了衣服、头发打结、面目模糊对你来说都不重要,"撑"过去才重要啊。

　　而我自己,也是一个活得并不"伶俐"的人。

　　在初入职场的一段时间里,我扮演过支持团队所有人的角色。那个二十出头的我啊,浑身上下都迸发着干劲。我特别想去做一个每个人都认同的好同事,于是对每个人甩过来的工作照单全收,以最快的速度完成一件又一件事,再主动询问有没有更多的事可以做。每个职场新人大概都经历过那么一段拼命刷"存在感"的时光吧。我可以一上午不喝水,不上厕所,只为把一份最完美的 PPT 以最快的速度递给同事,然后再马不停蹄地赶下一份材料。在时钟指向十点钟的夜晚,还在噼里啪啦输代码和吭哧吭哧改材料中无缝切换。

　　想起来那时的我真是一个特别阔绰的人啊,我用尽自己的体力,为所有人的舒适买单。

　　这听起来特别像是一段励志故事的开头,却藏着一个并不讨喜的结局。在很长一段时间里,我都像是在拉着自己的衣角说,没有时间就挤挤吧,总能做出来的。没有时间中午就不出去吃饭了,应该来得及。我不断"逼迫"自己往后退,再往后退,才发现脚边已是深不见底的悬崖。当我怔怔地望着眼前横眉怒目地说"你怎么没及时把这个事也做了呢"的"船友"，才发现为了竖起这面友谊的旗帜，我这艘小船早已过度负荷了。

那时我才明白，对世界索取得越少，对自己要求得越多，世界还给你的，多半不是勋章，而是一如既往的索求。因为依赖性和欺软怕硬，是人类极自然的两种劣根性，连看起来最宽厚的人都不例外。

即便是能做一个寂寞天地里的大英雄这件事对我有着深深的吸引力，我也最终败给了只有 24 小时的一天和过度劳累后身体敲的警钟。

那时的我，关注的全是别人的喜怒哀乐，唯独对自己尽可能地敷衍。

那时的我，就是一个不会拒绝他人的人。

在人生这条迢迢路上，有无数次路障可以让你瞬间成长。于我而言，成长便是将一个个的"留恋"变成"舍弃"。

和 20 岁出头的姑娘聊天，是看一幅花团锦簇的油画。像是在希望的田野里撒欢，她热情洋溢地撒下一个个美好的愿望：要参与每个项目，要尽力协助每个同事，要收获更多的肯定，要发展更多的人脉。而和一个 30 多岁的姑娘聊天，你多半看到的是素净的山水画，寥寥无几的行人和一袭蒙蒙的烟雨。她清楚地告诉我，她会接受怎样的任务，绝不触碰怎样的工作；她喜欢和怎样的人相处，又会对怎样的人掉头就走。

相比维持每一个关系，主动舍弃突破你底线的关系更需要智慧和勇气。因为每个人都希望被认可、被褒奖，尤其是那些并无多少资本的年轻人，他们本以为尽可能地赚取"友谊"就是他们在名利场讨生活的筹码。可一个需要你时时去讨好的状态，绝对给不了你想要的人生。老板们最后倚重的，多半是有态度、有原则的年轻人，而不是唯唯诺诺替所有人拎包的老好人。

被无数"友谊"的绳索绑住的人生，别说能让自我生机勃勃地成长，就连绳索稍稍移动，都少不了会在你手腕、脚踝留下几道伤疤。

一个人的好运气，会从什么时候开始？就是从你可以自主选择开始，从不对自己刻薄开始。选择自己喜欢的人生路，选择惺惺相惜的伙伴，选择一颗有态度、有底气的心，而不是一个僵化的招牌式笑脸。

我挺喜欢周国平说过的一句话：人生最重要的就是节约感情。面对不好的爱情，与其怨恨不如蔑视，因为这样消耗的自我能量更少。而面对无数让你负重前行的"友谊"，适当地扔掉一些让你太委屈的、太纠结的、太为难自己的，同时也不侵害别人的，你才能把更多的感情投注在更美好的地方，匀出更多的感情，来珍惜人间那三五挚友，和那个最不起眼的自己。

连日不落的巨轮都有沉没的可能，何必因为怕给一个对你百般刁难的"船友"留下不好的印象而耿耿于怀。真要翻的小船，逃不过墨菲定律，你也不过是顺势而为。能满足所有人的人生，不是人生，那是神话。

当我纵身跳出友谊的小船时，我反而漂去了一方美丽的流域。那当真是一种很奇妙的感觉，就好像你身后藏着千军万马、草船舰队，他们给你武器，也给你方向。从此世界上听不到小船靠岸时悲凉的汽笛声，也没有多少能左右你的飞鸟和海豚，我忍不住热泪盈眶。

原来这世间，还真的有定海神针这回事。

爱是一道是非题

早晨的公司电梯里,显示屏里出现神剧《太阳的后裔》中敞亮儒雅的宋先生,瞬间吸引了整个电梯中所有女生的目光。似乎过了许久,只听一女生叫道:"哎呀坐过了。"这群可爱的姑娘,在接二连三的"哎呀"声里纷纷在刚停下的这层飞也似的奔了出去。而我漫不经心刷着朋友圈,看到满屏"宋太太"的山盟海誓,余光里瞥到那个最后出去的姑娘的欲言又止,和一整个电梯里还在翻滚的少女心。

这真是一个有趣的时代呀。比起相信安徒生告诉你的爱情,我们更愿意相信柳时镇和姜暮烟。

这是一种什么样的爱呢?大概就是,"你在我旁边,只打了个照面,五月的晴天闪了电";是"转身离开,分手说不出来,海鸟跟鱼相爱,只是一场意外";是隔着人海相望,互道珍重,然后奔赴各自驰骋的战场;是情到深处却让自己的心兵分两路,一路可以任凭我漂洋过海来看你,一路还能一把抓住自己的价值观,端正再扶好。

在写下这段话之前,我的身边又多了个鲜活的案例。方小姐对着我道出近几日的遭遇。听起来,这是一位即将去哈佛大学读书的宽厚睿智的工科男和一个只身在上海打拼、有一份出色事业的女金领的故事，浪漫且美好。工科男踏实、细心还痴情，在去读书前屡次向方小姐表白，但年过三十的单身女青年方小姐在考虑了一晚上后，还是递过去"对不起"三个字。都是优秀的男女，但彼此的世界都太大，追求的目标又未必一致，谁能保证会去迁就对方的未来呢？或许我们都还后知后觉，"不将就"早已不再是电视剧里的一句口口相传的台词，而是身边讲不完的佳话。

这世间很多人都喜欢把爱当作一道选择题，到底选多金帅气小开，还是幽默无敌暖男？不管三七二十一，留一个再说，也不管是否适合自己。但是在这出剧本里，爱是一道是非题，不适合即便单身也不要，要有底气拒绝，也有勇气离开。

心里也有过不舍啊。只是在真正确定契合的三观与同样的未来目标之前，那些清澈的信任、虔诚的付出和柔软的慈悲，都不会贸然启程。生活里的方小姐和电视剧里的姜小姐，都逃过了爱最初的障眼法，在动感情的时候也动了脑子。

相信我，并不是一开始我们就有这些伶俐与智慧。在我们潜意识里，当然希望有一个踏着五彩祥云而来的盖世英雄。但生活的残酷在于，五岁的时候安徒生让你相信公主与王子一定会幸福，十岁的时候琼瑶告诉你爱会经历磨难但还会有个大团圆结局，而二十岁的时候，她终于揭下了完美的面具告诉你，别傻了，美好的事情怎么可能轻易发生呢？

所有人都会怀念，人生若只如初见多好。因为在一开始，你会觉得柳时镇确实符合盖世英雄的所有标准。他在天台乘着直升机远去，在监视屏幕里击败所有街头混混，胸前有联合国维和部队最耀眼的勋章。他武功盖世，不忘行侠仗义，还不忘保护女人、老人和小孩。因为在一开始，你并不知晓，盖世英雄穿上盔甲不易，脱下战袍更难。他有自己固若金汤的世界，而你宛若天仙般的降临，并不等于会让他忘记这半生戎马的伤疤，再把世界观统统揉碎塞给你。

同样，这位戳人心扉的姜暮烟，即便在第一眼见她的时候目光就无法移开，在看到她跳上推车奔向手术台的样子便知道自己已无法自拔，但你也不会料到，她会在价值观上如此坚持。作为医生，她坚信没有任何理念和价值可以凌驾于生命的尊严之上。柳时镇宛若盖世英雄般的降临，也并不会让这个有颜、有才、有节操的女医生方寸大乱，会把在医学院毕业典礼上的宣誓全部都忘掉。

这是很无奈的事，也是很自然的事。他们都有如此美好的皮囊，但心底却似乎都在喊着同一句话：我不喝最烈的酒，也不骑最烈的马，因为，我自己就是。

这两位"傲娇派"的男教主与女掌门，并非目中无人。因为在两个成年人的爱的最初，请允许有这些倔强与胜负心的存在。这些能伸张自我的摩擦，反而能摆正期望值，不至于演变成从嘴上的"都随你"到后来心里的一万句"凭什么"。

而这份洒脱和坦荡，并非用情不深，而是两个人都明白，既然所有人都有人性的弱点，都有各种"无奈且自然"的事，既然荷尔蒙的保质期超不过 18 个月，既然这世界上没有任何一个人是为你量身定制的，那何不将"更接近一致"作为长久幸福的解药。

他们怎么会不明白，最好的爱情是共同眺望远方，是我站成你身边的一株木棉；是当我从你的全世界路过，可以俯首敲门问路，讨一杯心甘情愿的薄荷茶，也可以在没有应答时有足够的心平气和远眺风景，绕道而行。

可惜的是，听起来如此酷炫的男女，被人歌颂为势均力敌的感情，其实在现实中并不常被人看好。人们信奉一强一弱可以天长，一硬一软可以地久。人们会说，喏，你看，他俩在第二集就分手了。人们会说，最好的爱难道不是，你心里装着一个大大的世界，我的心里却只能装得下你吗？

喔，我的确感动啊，但并不羡慕。

请别拿年轻时爱得生猛，凭一腔热血穿越人潮去和她浪迹天涯说事，因为那个时候你的世界观、价值观还未成形，你未必真正知道什么适合你，你未必真正明白人生的广度与深度。也请别拿那些一味的"迁就"和一生的"托付"说事，这类"恃爱行凶"的，是对对方的绑架，也是对自己的辜负。

陈文茜写道："我们会发现女人要扮演好'分内之事'，就得一路'贬抑自己'，然后交换'爱'。"可我总觉得这样的爱实在是柔软到千疮百孔，不值得歌颂。李月亮写道："世上哪有值得托付的男人呢，不是说男人是坏蛋蠢货,而是你的人生根本就不应该托付给任何人。"虽然这话特别在理,可对于渴望爱的男女来说又稍显坚硬。直到我看了《太阳的后裔》,我才发现我看到了最令人羡慕的爱情:一个人如何理解自己,而两个人又如何懂得彼此。

如何才能理解自己? 你必须有自己的价值体系,明白什么才是自己想要的爱人,什么是自己不愿过的生活。那些情绪稳定的、志趣相投的、聊得来的、知冷知热的男人,可能特别适合姜暮烟,但或许并不适用于一门心思只爱往豪门里冲的姑娘。可惜在这个满大街都是 CEO 的年代,找个有钱人,大概比找个能和你比肩共同眺望风景的男人容易多了。姜暮烟,是看不上那些只是"有钱"的人的。所以她会对要"潜规则"她的理事长大打出手,不喜欢富二代,对着完美男主角的屡次表白也仍旧迟疑。

如何才能懂得彼此? 这个懂得,需要靠相处、发现、试探、理解、博弈和设身处地,哪一样都不容易。可事实上它更靠天生的吸引——是否站在同样的立场,是否拥有同样的价值观,是否听得懂对方所有的语言。普通如你我,背离理想的爱不会让我们快乐,甚至是一场灾难。

赖声川写过一篇特别好的文章,讲他和妻子丁乃竺几十年如一日琴瑟和谐的爱情。他说,如果夫妻之间没有更深的追寻,很容易散掉,很容易瓦解。如果彼此的关系是建立在金钱或者简单的吸引力上,那个东西很快、几年内就可能散了。那个追寻,不是要让公司上市之类的目标,而是在短短的人生里,你到底想要做什么,以及生命到底是干什么的。有这样更深的彼此追寻，你们才有真正的话题可聊。

更深入一点去解释这个"如何"，不如看看姜暮烟与柳时镇的样子吧。他们都顺利地把自己活成了一个世界，与真实的人生短兵相接，有底气做最真实的自己，拒绝那些并不十分倾心的对象。他们都顺利地成了"太阳的后裔"，内心丰盈，能散发光热，才有足够的能量与气场吸引同磁场的人。当你的价值并不来源于一个不可控的对方，而是全部掌控在自己手里时，明白什么可以妥协，什么必须坚持，其实是一件特别好的事。

不幸的是，我写着写着，又把爱的"柔软"上升到了"坚硬"的层面，把理应是"我把西瓜最中心的一块挖出来给你吃"的甜腻的爱，变成了"我独自从黑暗中唱着歌走来，看到光明的时候，发现原来你也在这里"的略带苦涩的爱。前者是"宋太太们"治愈少女心的蜜糖，而后者才是你在爱里冲得头破血流的良药。

当我从你的全世界路过，我可以俯首敲门问路，讨一杯心甘情愿的薄荷茶；也可以在没有应答时心平气和地远眺风景，绕道而行。

当我从你的全世界路过，你引人入胜的山川湖海让我驻足，我并不急着把它们都统统复制下来，填满我的天地，而是不忘看看那开遍我故乡的映山红，是否能在你的土壤里茁壮成长。

当我从你的全世界路过，我真的不怕你的太阳雨和沙尘暴，我唯一怕的是，你只惦记着剧本里的宋先生，却输给了故事里的角色。

快乐最难

有一种感觉，舆论在全面追捧"有趣"。傅园慧这位"欢脱少女"横空出世，全身上下都是笑点，可以轻松地把你从一地鸡毛的生活泥潭里拉出来，一夜间疯狂涨粉 300 万。

大概有趣之人自带快乐基因，傅姑娘作为活生生的案例，可以算作有史以来对"有趣"的最高褒奖。但干脆承认好了，我们之所以如此大张旗鼓地去汲取有趣，就是因为缺少快乐。

快乐曾经是本能。钱锺书先生说："快乐在人生里，好比引诱小孩子吃药的方糖，更像跑狗场里引诱狗赛跑的电兔子。"快乐是小时候的我，看到路边一群摇曳的狗尾巴草哇的一声奔过去的欢喜劲。

后来，快乐变成了被搁置的情绪。上学以后，快乐现身的概率并不高。我们把所有的精力都放在了过关斩将、合乎期待。偶像剧、游戏机和同桌递过来的情书，都被排在了那些"重要且紧急"的事情之后。任何一个随心所欲、没心没肺的男同学，大概都逃不过一个被父母追着打的"惨淡"童年。

再后来，快乐又变成难得的体验。大学里的讲座，青年们最爱向前辈问一个问题：如何找到对的路？说到底，是想用最少的力气，在最短的时间内，跑到食物链的顶端。走捷径当然是快乐的，但人生哪有那么多捷径。而刀枪不入的灵魂又是少数，于是便有了无数"怀才不遇"的丧气脸。

最终，快乐变成了晶莹剔透却最易消失的肥皂泡。曾经全社会欺负你看不到事物的全貌，努力创造舆论，让少不更事的你误以为：哦，若我努力学习考上了哈佛大学，之后的人生皆成坦途；若我努力工作当上CEO，走上人生巅峰，就给快乐交了保险。可后来发现不是的，根本不是这样的。快乐的幻灭，像极了《红楼梦》缔造的"万丈红尘转头空"，起朱楼、宴宾客，最后都逃不过人去楼空。

所以地位的高低、金钱的多少和快乐并无直接联系。有个很有名的研究发现，中彩票的幸运儿和意外事故的受害者，在一年后大多都会回归到一年前各自的快乐水平。

另一个佐证，来自《激荡三十年》的作者吴晓波先生。他说："中国的企业家很少是快乐的，企业越大，越不快乐。"不快乐的原因来自压力。因为起于草莽，成长于狂飙年代，事态远远地超出生命经验值。与不快乐相伴而生的，还有孤独感。越大的企业家，越少有知心朋友。

到后来你发现，快乐这道题，居然给了你"众生平等"的感觉。

男性不快乐。社会发展了那么多年，对于男性应背负的功名利禄鲜有变化。从扎实的钱和权中攫取快感，永远是他们此生不能错过的风景。他们通常无暇享受生活里的小乐趣，也不怎么懂得去体会人类微妙柔软的情思。他们的脸上写满了沉重与用力，信奉"经济能力决定话语权"的他们又暗藏深厚的大男子主义情结，用粗暴的征服欲代替了本该两情相悦的佳话。

女性同样不快乐。契约精神的缺失，婚姻的漏洞百出，让女性最渴望的安全感，变成了断了线的氢气球。鸡汤女作家反复论证女性要独立，要 lean in（向前一步），可我私下想着，最痛苦的部分或许不是重新振作，而是自小便铸成的信仰轰然坍塌。

而企业家和终日惶惶然的毛头小伙一样，尽管他们不需要对每过18 个月手里的现金要少买上海一半面积的房子而心有戚戚焉，但他们必须每天面对未知，做出痛苦的生死抉择。

我没法告诉你，这到底是无奈还是病态，但这桩似乎打不了翻身仗的事，并非无迹可寻。

最浅显的理由是，快乐的阈值提高了。小时候你觊觎的娃娃雪糕，现在已经淹没在满大街的哈根达斯里，可见惯世面的你也不会觉得吃一根哈根达斯是一件多快乐的事。而辈分间的代沟更甚。你对爷爷告诉你"当年买一块手表是多么高兴"这件事最大的感觉是，我现在压根用不到那玩意儿。

另一个原因来自内心所向和现实的错位。在微醺的酒桌宴席上常听到的三个字是"想当年"。现在想来，"当年所有的耀眼"真是一个狡猾的噱头，它给予你凌驾云端的快感，却又顺手把你推到凡间，你揉揉眼睛，发现自己也不过是千万平凡人里的一个。你除了失落，还怎么快乐？

　　而套用陈文茜的话，不快乐是因为"离俗世太近"。我想把这句话拆分成两个意思：一个是离得太近，容易受他人影响进而产生比较；一个是离得太近，滚滚而来的浮躁让你忘却了初心。而人成熟的标志之一，是接受自我的短板，接受自己的无能为力，接纳自己不是被命运钦定的那一个。但青涩和成熟之间，绝不是无缝连接的。中间那段被刻意忽略的桥段，便是你不快乐的源泉。

　　俗世里一个很大的矛盾是，一边告诉你"知足常乐"是对抗这类不快乐的好办法，另一边又大肆渲染成功者的传奇都离不开"必先苦其心志"。

　　所以人生难。

　　所以"小确幸"开始大行其道。刚在念叨的人出现在了你眼前；酒店莫名被升级成豪华套房；转角碰到小时候最爱吃的萝卜丝馅的油冬儿；你翻箱倒柜找到的旧衣服，口袋里还藏着钱……"小确幸"们不隆重，但一股柔情还是涌上了心头。它们是平常日子里掉进去的一枚小石子，掀不起惊天骇浪，但足以引起阵阵涟漪。

　　所以鸡汤也盛行不衰。假如你有王小波的豁达——"我活在世上，无非想要明白些道理，遇见些有趣的事。倘能如我所愿，我的一生就算成功"，如果你把生命的目标函数从里程碑变成体验，我敢保证，快乐这道难题，已经迎刃而解。

　　可我们贪心啊，你说你要的不只是暂时的麻醉剂，是一直能对抗人性的抗生素，以及根治的良方。那不如让我分享三个如何"获得快乐"的故事。

我有个师妹身患恶疾，可她是我见过的最乐观的抗癌患者。我经常能在朋友圈看到她俏皮的抗病长文，缜密的人生思考，积极帮助病友的故事，充满了正能量。她甚至跟人合著了一本中国版的患者指南，并集结成书。她在朋友圈感谢那些帮助她的人，她自嘲是"一个没有前途没有能力回报很可能没命的'三无'人员"，可人们"愣是把一笔不良资产，投出了价值"，她说自己就是"被人们的善意众筹出来的产品"。你与世间万物的关系，都有正向反馈的秘密。假如你一直拉着命运的衣角哭着说为什么是我，那么命运永远达不到你的期望；但假如你一直感恩，命运有时会给你惊喜。感恩不代表无欲无求，只是默认了"任何发生在你身上的事情，都是对你成长的邀请"。

我知道海蓝博士，是看了《不完美，才美》一书。海蓝曾从医 20 年，她曾是中国眼科之父郭秉宽先生的关门弟子，留学期间又师从美国眼科协会副主席，前途不可限量。但她在 38 岁时放弃了即将获得的眼科博士后荣誉，不顾父母和朋友的反对，冒着日后找不到工作的危险，借了一大笔钱，从零开始进入心理学领域，背井离乡，前途未卜。人到中年做出剧烈改变，绝非一时的心血来潮，或多或少都怀揣着"梦想"。海蓝太喜欢心理学了，进入心理学领域后她描述自己"有如鱼得水之感"，"每天都有忘我的快乐，有发自心底的充实"。比起"五子登科"，做真实的自己，做自己由心而发的事情，才是快乐的保险。

　　我业余时间会写作。有朋友觉得我很有韧性，可我心下知道，其实这件事一点都不需要动用"韧性"呢。相反，我才是受益匪浅的那一个，重拾写作让我发现了"深度思考"的好处。一个意味深长的眼神，一个家长里短的故事，都仿佛能滋生人生智慧。而在一件你真正喜欢的事情面前，只有愉悦，只有充实，不计付出，亦不求回报。我活在一个物欲横流的时代，可我希望让自己和俗世保持一点点距离，这个时候我的价值已经不需要外界来赋予了。

　　傅园慧 20 岁生日时在微博里写道：

　　"人，都应该为自己而活。活出自己的风格与热度。不要再忍辱负重，委曲求全了。去做个咆哮的小园园吧。虽然看着狰狞了点。可是毕竟开心哪。"

　　当然，快乐不是一定需要你咆哮的，它有若干途径去实现。只要想想"在整个银河系唯一拥有生命的星球上，我们是唯一有能力去体验快乐、去思考快乐的物种"这件事，我也无法不快乐呢。

人生选择题
之四

如若老之将至，

是黯然接受岁月的种种砥砺，

还是焕然活出一个黄金时代？

出芳华记

1

20世纪80年代的北大,诗歌文学盛行,男生寝室夜谈的主题是分享读书心得。去同学家吃饭,可以从午饭吃到晚饭,时间走得很慢,没有互联网带来的全球化侵袭,也没有类似"如何在毕业后迅速赚到100万"的焦虑。约女同学用的措辞是"我们谈一谈吧",恋爱是谈的,不是随便拉进度条的。而当年"北大三剑客"的其中一位,去做了一次类似"成功人士经验分享会"的演讲,招来一众死心塌地的女粉丝。回到寝室从裤兜里拽出一张皱巴巴的纸条,仔细看是女孩子娟秀的字体:寒风瑟瑟的夜晚,哪里去找你的诗呢?……

在古风缭绕的日本料理店,几杯清酒下肚,邻座的前辈讲起陈年芳华往事,惹得一众青年艳羡。写纸信,递小纸条,骑车几小时去见女朋友一面,来联谊的男同学干坐两小时不说一句话……这些在现代人眼里如同在陆家嘴贴大字报一样好笑的事,在我看来却像打了柔光滤镜一般让人心动,胜过眼前明亮的海胆。

芳华封存着一个人一生中最柔软的内心。这种柔软能刺穿时间的屏障,让毫无相同生活经历的两代人都被安装了情绪按钮,对着青春那一档按下去,无一例外都能被迅速击中。

和《出埃及记》里越过红海出走埃及,逃离奴役和迫害的以色列人不同,出走芳华的人们总是忍不住回头张望。它像是一个神秘的时间节点,跨出去了,追光灯就留在了那里,而后面的日子,只觉得周围忽然都暗了下来。

有各色活法来应付日复一日。

"中年少女",似乎是一群拉着芳华的衣角不肯离开的女性,和"油腻男人"一样得不到真心的点赞。目前社会的主要矛盾之一,是对人类按年龄的传统分类和新新人类心理不适应之间的矛盾,可执拗地把现实过出魔幻感,不知道是好还是不好。

"佛系青年",好像是芳华后遗症,把打过鸡血、燃过之后的一部分放下。这本质上并没有什么不好,经历让人早熟,明白歇斯底里的青春和人生高峰一样少见。可这么早就懂得对抗平淡才是一生的核心竞争力,不知道是好还是不好。

"北大无业游民",好像是懵懂的芳华岁月之后对人生的一次幡然醒悟。北大毕业却拒绝和芸芸众生一样用贩卖时间来换得工资，封闭自己，只做有兴趣的"创造性"工作，哪怕形容落拓，鲜有人理解。可年近而立之年却仍迷茫自己到底想干什么，不知道是好还是不好。

当然更多的，是朋友圈里发着恭喜这个恭喜那个，但也不知道和自己有什么关系的"社会动物"。也是"万有引力"使然，在亲人、爱人、朋友、爱豆（idol的音译，即偶像）的引力场里，别人分享人生的重要节点，无论是出人头地、衣锦还乡，还是频撞南墙、孑然转身，都似一只震耳欲聋的定时闹钟，把你从没有时间表的旅程中拽回来。"社会动物"精于世故，身段柔软，总喜欢维持着炉火纯青的"政治正确"而有意藏起芳华才有的棱角，不知道是好还是不好。

"洞穴人"。人类学家项飙提过一个有趣的概念叫"工作洞"——人们去工作，就像跳进一个洞里。人们疯狂工作，咬牙积蓄，"996"或者"007"①，但是为了未来，要忍，要坚持住，因为这是一种人生的投资策略。但工作很可能在这个过程中失去了本来的价值和意义，洞穴里的人所有的努力不过是为了尽早从洞中爬出。人们辛苦去追求的又让人痛苦，不知道是好还是不好。

他们说，不知道是好还是不好的，基本都是不好。世界此时才真正亮出了獠牙，而那些试图"抵抗"的方式，无论是消极的、积极的，还是按

---

① 网络用语，"996"指从早上9点工作到晚上9点，每周上6天班；"007"指每周工作7天，每天工作11个小时以上。——编者注

下暂停键的，都摆明跨过芳华的门槛，广阔世界不但稀释不了"迷茫"，更平添"焦虑"，让人气馁。

如今全民大讨论的头条都映射出走出芳华之后的"焦虑"：大城床还是小城房，要不要逃离北上广，要不要买学区房，为何最好的大学的毕业生也买不起房，如何挑选一家孩子不会被扎针的幼儿园，如何避免成为命如纸薄的中产，如何避免成为油腻的中年男子，如何过好你的前半生……人世间太多"雾霾"，来自强大的外部干扰和来自内心的犹豫不定，都造就了一批敏感的时代病人——即便小心翼翼戴着口罩，也觉得委屈憋闷，不能尽情出气。

生命是什么呢？生命是时时刻刻不知如何是好。木心早就说过。

这种膈应和不适会在年轻人入世的前几年达到高峰，但又会在经历和眼界的磨砺下慢慢消退。后来再遇到新的问题，再重复一遍成长的周期，周而复始。撕开世界的真实面具，到最终价值观的相对稳定，中间需要经历多次的幻灭和反复，每天死掉一点点，再重生一点点。有时候我们自以为有了一些资历，就看得清世界了，就没有大雾挡在眼前了，这不过是因为我们把大雾穿在了身上。

早年热衷于经营人脉、改变人生的，后来发现人脉不过是势均力敌的人之间的游戏；曾经励志频繁跳槽寻找对味的企业的，后来发现自己才是最大的敌人；之前拼命工作想赢得领导尊重的，后来发现世界的运行规则并不是奖罚分明；原来把婚姻和子女作为一生追求的女性，后来寻得了更高的自我理想来支撑余生；曾把埋头赶路作为人生精进必由之路的男性，后来也懂得放下欣赏沿途美景……曾经死心塌地追求的东西，有一天居然变得不重要了。就像我看谍战片，里面的女主角会歇斯底里地问：为什么那个曾经如此坚定的革命战士也会倒戈侵略者？当然人家是为了人类的解放，可我们却执着于自我的解放而不得。最显而易见的原因是，我们还未建立起一个稳定而攻不破的自我价值体系。

　　而这种价值体系，如若只沉浸在我们这个明天都不知道会发生什么事的时代里，是没法夯实的。

　　只沉浸于眼前的时代，就好像躺在一只勒紧的胃里。事实是，从没有一个时代能让所有人活得舒展，一定会有不适应这种时代模式的少数人牺牲，甚至让多数人都有掉队感。而历史能让我们看到人类的多样性：时代对人命运的篡改；很多人死后在另一个时代才被仰望；现代的人是为了买房而离婚，而以前的人买房是为了结婚……这些都在证明人并不应该是现实的傀儡。所以即便生活在这个时代，我们也应该明白现实本不该对我们有如此大的约束，好像只是生命的唯一选择。现实并不是校服，不合身但必须得穿着。

　　同样，即便我们受益于这个时代，也要明白生命的意义并不应该仅仅依附于社会价值（很可能换一个时代你什么都不是），而是生命本身就有价值。我们生命意义的高低不只是在于赚钱多少、成功与否、对社会有没有可兑现利益的贡献度上的。社会底层之所以不能过有尊严的生活，是因为这些劳动在这个时代被认为价值不高；"文艺青年"之所以成为被嘲讽的对象，是因为市场经济的风靡把书生定调为"百无一用"。在手工的年代，"机械"是一个多么迷人的词啊，但在如今的机械时代，手工的东西才最金贵。所谓的"有价值"，不过是被某一种社会运动的结果定型，但随着社会运动的继续变动，随时都有可能被挤成泡沫而出局。

坦白说，我自己也经历了走过芳华之后所有的焦虑和迷茫。但当我跳出时代和现实去想这些问题，好像慢慢穿透了大雾，获得了清明。所有时代的噪声——让你别做这个别做那个，应该如何才是"正道"，并不会成就一个更好的你。一个更好的你是，人生篇章总是可以完整、自由地去书写，不用被时代打断，被自己内心的焦虑打断。一个更好的时代是，帮助人们去促成这件事，而不是把人们都拉扯变形，溶解成面目相似的沧海一粟。不是乔丹有名我就必须知道他，不是 AI（人工智能）赚钱我就要去学。人的一生当中总有人坐下来和你谈谈，谈论的不是标签，不是社会价值，而是剥去时代外衣后的你，你的天赋，你的本真，不为"求全"而自毁的你。

走出芳华的这段时空是人生一片隆重的缩影。我无暇去指正这每一帧影像中大大小小的遗憾和错误、焦虑和痛苦，因为这是人之所以为人的过程，真正完美的人生是不存在的，这个时代本来也不完美。

我们所离开的芳华，它不是一个闭合的时空。它可能会一直默默散发着能量，影响着余生的每一次选择，因为我们想念它。我们所生活的时代，它更在相当大的程度上，成为我们头上的悬丝，推着我们做出各种勉强的动作，差点让我们以为头上的悬丝和眼前的观众才是全世界，因为我们仰仗它。但无论是芳华之美好，还是时代之强悍，都不是贬损我们余生的借口。走过芳华，超越时代，我们才会真正懂得自己，珍视自己。

愿隔一阵就会掉下来的焦虑，我们能稳稳地接住，并狠狠地将其抛向天际。

中年契机

"中年"成了众矢之的。而这一回,好像再多的阅历都吞不下舆论的冷箭,就像钉子户碰到了拆迁,再确凿的理由,都会沦为笑柄。

在人类歧视的清单里,从人种到性别到年龄,其实每一样都不太靠谱。时间把你送到了某一个年龄段,还没开始庆贺迭代过 1/2 人生的新型物种,就要被泼上一盆脏水实属诡异。作为时间的囚徒,我们没有办法搪塞日渐嚣张的细纹,逃避日渐复杂的生活局面,瓦解被命运玩耍的可能,但就如下棋,只要还能动弹,就仍可能翻盘,把"危机"变成"契机"。

成为"契机"的第一步,是忘掉"危机"。

我们说青春美好,中年悲苦,老年孤独,是站在远处看的。可亲身进入到每一个年龄段,其实都有起落兴衰,差别并不太大。人都是需要寻找快乐的,日子不会是一成不变的。90 岁的老太太研究新的菜式和 40 岁的中年人新习得了滑雪技能所获得的幸福感,真的不会少于 25 岁的年轻人拿到了万里挑一的高薪 offer(录用信)。

我身边活得精彩的中年人甚至老年人,从来不会受困于年龄。70

后仍跨入一个新的行业从头学起；50后还延续着空中飞人的做派，在全球各地拜访新兴产业寻找创业机遇；30后还在如痴如醉地研究区块链技术，带领着一众青年引领技术变革。忘掉年龄危机的人，可以成为每个时代的介入者甚至弄潮儿。越是对人生有规划、有把握的人，越不会耳朵里飘进一通质疑，心里就要硬生生挤出一坛苦水来。

64岁的张艾嘉仍然拍出了一部口碑不错的电影，她为金马奖设计的礼品帆布鞋上写了句话："我才不过是64岁，跑起来，路仍长。"70岁的特朗普当选美国总统，而同样在70岁才当上总统的里根，踏入政坛前的职业横跨广播员、救生员、专栏作家、电影演员、励志讲师，是美国人十分尊敬的总统之一。所以中年并不代表由兴转衰，还有可能云开月明，爬向巅峰。

作家韩松落写道："人真正衰老的表现之一，就是开始自觉地压缩自己的生命，压缩自己的欲求，试图汇入儿女的生命。"还有一种我更喜欢的说法，年龄不能按照你活了多少来计算，应该按照还能活多久。如果你明年死亡的概率低于1%，那不管多大岁数，你都是年轻人。

成为"契机"的第二步，当然是相信这是"契机"。

相信什么，才会发生什么，这是佛教的说法。但我觉得，中年本身，就藏有足够多的宝藏，让你相信美好的事情仍会发生。

中年是人生全面展开的开始。年轻的时候有许多"一跃而下"的场景，比如坠入爱情，获得工作，披上婚纱，诞下孩子。但中年却是"逆流而上"，日复一日，走走停停，时而搁浅，时而溯回。所以年轻时多数是腾空的、新鲜的，却不落地，中年却与生活本身有着最大面积的接触。爱情被生活磨损，双亲相继患病，儿女还嗷嗷待哺，工作只剩按部就班，要遭遇暗算，习惯妥协，也要揽下失望，承受背叛。然后好多人扛不住了，做什么都不得劲，厌恶自己被时代抛弃，也嘲讽他人一身油腻。但他们其实只接受了年龄感里负面的东西，比如认命，却忽略了时间带来的珍贵的礼物，比如经历。

　　经历本身就是巨大的财富。人的认知常常被经历左右，就好像做题，做的题多了，就能见招拆招。你看到的那些在任何事情面前都气定神闲的人，一定不少见世面。见识多的人能一眼看透纸老虎背后的虚弱，在一开始就寸土不让，不会孱弱如初出茅庐的年轻人一般，被盘踞领土、侵犯自尊都不敢言语。年轻姑娘在有了孩子之后常常会觉得以前害怕的事都不怕了，突然有了巨大的力量，可以对抗世间任何艰险。这是因为战胜过曾经害怕不已的事情，以后仿佛做什么都能一马平川。有朋友在创业成功后说，从平顺的日子里学不到任何东西，现在只想把自己放进逆境中再走一遭，才能再次激发出自己最大的潜能。

　　时间积累的不只有经历，还有智慧。记忆构成了一张拥有庞大数据构成的图谱，更容易在天底下这些盘根错节的事物之间发现联系，得出更客观的结论，不容易跋扈，也不容易刻薄。据说人的逻辑思维能力，在 40～50 岁达到巅峰，之后基本会维持。而中年人在控制情绪、共情力、适应性、与社会相处上，都胜过还是一张白纸的年轻人。有一个段子我印象很深：你以为公司里的中年人什么都没做是比你蠢，其实那是他们思虑再三后才放弃的东西。

　　当然还有钱。中年人相对更有钱。钱能决定你的生活状态，也能决定你能否迅速地抛弃当前不满意的生活状态，转而追求其他。而贫穷则是年轻人的专利，急迫摆脱贫穷的焦虑，让他们往往无法善待青春。

　　完成心理层面的构建，剩下的就是技术问题。成为"契机"的第三步，就是执行力，并且坚持。

　　这是一句能让耳朵听出老茧的话，从年轻时就耳熟能详，但能做到的人却少之又少。去做对的事，有意义的事，喜欢的事，实现自我的事，看起来不可能的事，不是"这个年龄段该做"的事，这能消耗我们过剩的焦虑和空虚。坚持这种东西，天赋不能代替，年轻也无法代替。所以你会发现，真正稀缺的、重要的东西真和年龄无关。

　　如果没有意外，大部分的人都能活到中年。没有年轻兜底，但有经历、智慧、财富和随时可以拿来与命运对阵的耐力，足以用来伺机而动。我们生而有翼，在把人生掐头去尾剩下的这一大段黄金时代里，若只扮演着匍匐前进的角色，而生活理念则是一本到处复制粘贴的摘抄本，无论如何，都是一件再拧巴不过的事。

何为爆款同龄人

深圳的同学告诉我,她老板最近去拍了一张腾讯员工深夜加班,灯光照亮整幢楼的照片,以此鸡血图来教导下属要学习人家的奋斗精神,还说这就是外企在国内拼不过内资企业的原因之一。

杭州创业的朋友总是在深夜兴奋地发感慨,诸如"一切阻碍在强大的内心动力面前都只是一粒沙,站得越高,沙子看起来越小",诸如"安稳还是激荡,选择只在一念之间"。我知道你们会说矫情,但站在一部分虔诚创业者的角度想,这是如假包换的肺腑之言。

而北京的胡玮炜,已经被自媒体人写成"摩拜创始人套现 15 亿"的"爆款"同龄人,先不说肤浅还是片面,但我分明看到有相当一部分人转发文章以明志。这是一个有趣的"接头暗号",可以判断哪些是被蛊惑的那一类。

还是焦虑惹的祸。

社会明明是金字塔型的,但活在网络上的人们可以同时看到纸醉金迷和捉襟见肘,披荆斩棘和浑浑度日,顺利晋级上层的雀跃和还差一口气的仓皇。互联网把物质阶层和精神阶层的视野拉平了,却改变不了阶层命运间的云泥之别。

时代是不打招呼就变脸的，因为现在不再是中国历史上那些僵化封闭的年代，年轻人可以遵照台本走完一生。所以转型是我们身边的一个高频词，"黑天鹅"和"灰犀牛"成了畅销书的名字，降维攻击是互联网巨头都害怕的打法，而秦朔老师说这是一个"从 20 后到 00 后都在拼，人类历史都罕见"的时代。各路大神算法各异，被任何一个年龄段的人暂时超车都属正常。

而人的境遇明明是千差万别的，要撇去出身好坏，天赋多寡，运气悬殊，贵人有没有来，人生价值观是否一致，再来看努力获取成功才是相对有意义的。要是去看《异类》这本书，它会告诉你：英超联赛多数球员在 9～11 月出生；盖茨和乔布斯都生于 1955 年；纽约很多著名律师事务所的创始人都是犹太人后裔。简而言之，作者认为境遇和文化传承都会不可估量地影响命运。

稍微有些阅历后，你就不会轻易被那些鸡血成功学煽动了。如果人生只看一个方面，自然会成功很多。如果人生只纠结一时一地的得失，只会在将来的某一天被自己嘲笑。如果人生只留下一些斩钉截铁的数字、排名、结论，便浪费了这趟难得的旅程。高晓松曾在节目上对 19 岁的自己说："我对不起你，所有你爱的人最后都没留在你身边，所有你当初的理想都没实现，我只是替你挣了一堆钱。"

我们常常勤于比较他人，疏于确立本心。

我们常常勤于遵照模板，疏于尊重差异。

我们常常勤于追捧有用,疏于保护无用。

我们常常把将这些话的前半句玩到炉火纯青的同龄人称为"人生赢家",却不知真正的"爆款"或许都藏在了后半句中。

1 比较成功学

没错,"比较成功学"从儿时起就开始植入我们的生活,"别人家的孩子"就是那个颜值和智慧都"在线"的宿敌。即便打不赢宿敌,只要身边还有一个不争气的例子,大概过年的饭桌上就不会让父母太难堪。然后毕业了,坊间的闲言碎语又开始弥漫到找了什么工作,嫁了谁又娶了谁;生孩子了吗? 生了,好,进入下一辈的比较循环。

不谙世事的年轻人最喜欢比较,因为别人的评价是他们打开自己的一扇门,理论上岁月的加持可以降低这些无聊的比较对人的影响。但不是的,如今社交网络的信息爆炸好像让人们有了一种"持续一生的青春期"。当然这种患得患失的青春期更有可能发生在大城市,比如北京。周围五光十色涌来的人群会让你隐隐觉得,任何快要够得着的东西会在瞬间变成空中楼阁。有人说:"在北京,没几个人敢说自己已经成功了。"

"比较成功学"就这样贯穿着人的一生。我们用比较来"感觉"自己成功了,又通过比较"发现"自己并不成功。但我觉得,总是以"比较"来选择人生道路的活法没劲透了。一来,这样很少有人能把自己的命运安排妥当，把欲望当理想，会有一种两个南辕北辙的灵魂在体内撕扯的彷徨感。二来把眼光放长会发现，人类史不过是广阔时间轴上的一段，而我们所处的时代是这一段里的一小段，在我们所知的世界之外有更宽广的天地。在一时一地把一部分人作为此生坐标，我连自己都说服不了。

如果把范围缩窄到人的一辈子，几十年的浪潮一波波打过来，同样的两个人，一个少年得志，一个大器晚成，你能说那个跑得快的"抛弃了"那个扎扎实实一步步往上爬的吗？通俗的说法是，后者对于人一生的影响其实更具积极意义。

要破解"比较成功学"，武志红老师说"要拿本心和世界碰撞"，如此可以缔结与社会的深度关系。而好的东西，总是源自人与社会的深度关系。这其实是一种普遍的共识，而如今的时代又为这种提法赋予了红利——"在一个越是中心化、体系化的社会里，人就越容易为了生存而选择；而在一个越是去中心化、个性化的社会里，人就越容易为了兴趣而选择。万物互联的时代，体系化的选择未必可靠，而个性化的选择，倒越来越能成就一些奇迹。"

有人对所谓的成功者做过研究，他们成功的主要因素，一是判断，二是本心。一小部分人是看对了大势后借势而上，但大部分人还是出于本心。都是本能地热爱，傻傻地坚持，考虑事情本身多，考虑名利少。

亚马逊的创始人贝索斯在分享亚马逊的成功秘诀时提过一个说法："把资源全部放在不变的事物上。"对于电商行业来讲，过十年都不变的东西不过就是"多快好省",这是核心,也是本心,要把所有的资源都放在本心上。贝索斯说:"不要管竞争对手在做什么,他们又不给你钱。"

把这句话放到个人身上,就是别老是盯着别人,先确立自己的本心在哪。泛滥的是比较,而稀缺的是生活在世界丛林里,还能对周遭发生的一切视若无睹并关起门来专好好注于自己世界的人。

2　人类多样性

说到人类的多样性,我印象深刻的一幕是,蔡康永在《奇葩说》节目的录制现场谈到"出柜"话题时抑制不住哽咽落泪:"出于理性考虑,我通常会拦住他们,但是站在孤单的立场,我很希望很多人陪我,我唯一能够做的,就是向爸爸妈妈证明,我们不是妖怪。"对于我这样前半生基本循规蹈矩地活着的人,好像很少会面临需要这样来"证明"自己的时刻。但在那一刻,那句"我们不是妖怪"戳中了我,我好像有一点明白了,为了挣脱那种不容置疑的审判,他们用尽了多大的力量。

国内有一部跨越 10 年的 00 后成长纪录片《零零后》,里面有一个叫一一的小女孩,从小就独来独往,不喜欢和其他小朋友玩耍。才三岁的她就表现出独一无二的特质,她说:"每个人有自己的选择,我有这个权利。"10 年后,13 岁的她同样淡定内敛,即使不习惯与朋友们玩耍,但也用自己的方式获得了同学们的喜爱。但她说:"从本质上来讲,社会对内向的人是有点不公平的。它要求每一个内向的人都变得外向，其实内向的人也有很多自己的优点。"同时她也意识到，内向的自己在小群体里边，其实是弱势的一方。

去看分子遗传学的研究，你会发现，不存在一个"纯种"的人。有30％的人体蛋白质是多态的，在每个人的体内，大约10％的基因属于杂合的，就是说每个人都是10％的"杂种"。然而从小时候一路走来，家族、社会、学校几乎都站在道德制高点指点你要合乎期待，"要成为一个正常人"，"别人都在这么做"。我只要想到，那些特质少见的人们需要承受多大的扭曲和压抑，一路走来，还能个个如精于世俗的"社会动物"一样看起来"如鱼得水"，就觉得难过。他们要耗掉多少"血"啊。

但世界不会给"少数人"发慰问金，它只会用碰壁让少数人投降，被世俗招安。相信你还记得 20 年前有一本畅销书叫《谁动了我的奶酪》，当时风头一时无两。用一句话精炼它的观点就是：如果改变不可避免，那么接受它。不要问自己为什么身处迷宫，为什么奶酪一直在移动，只要调整自己，适应环境，埋头去找，就可以获得更多的奶酪。

但此一时彼一时，哈佛商学院教授迪迪帕克·马哈拉后来对这本书的理论投了反对票。他讲了一个故事，说有三只独一无二、敢于冒险的老鼠——麦克斯、吉得和大个儿，它们拒绝接受命运的安排。后来我们发现，它们各个都有能力逃出迷宫，甚至按照自己的喜好重新构造生活，而并非只知道盲目追逐那块奶酪。

而周鸿祎也在他的自传《颠覆者》里写过一个有趣的故事。1995

年,他在本应硕士毕业的年份出去打拼了一年,结果回来后身心俱疲,资产也成了负值。他至今还记得当年去找导师的那天,他的导师李教授不但没有大肆批评他无法无天地"消失"了一年,反而当着在场的几十位博士、硕士的面说:"在你们这些人里,就小周将来可能最有出息。因为我发现,你们都是正常人,只有小周不太正常!"

这些似乎给了"少数人"极大的安慰,非主流的存在不是要占据主流,而我说这些也不是要反对主流,只是差异性实在是一件寻常之事,不单纯是为了公平,更是因为这符合人性和事实。而承认这点,会让我们理解这个世界上的人们对待同一件事的不同反应,会让我们谨慎地不用一己之标准度量他人的幸福,更会让我们知道,所谓"抛弃同龄人"这种论调就像一件褴褛衣衫,哪里都是漏洞啊。

3 无用亦有用

"无用"和"本心""差异"一样,好像都是在与世俗周旋中使不上力的东西。这个世界上有用的事物太多了,微信公众号写的是各种如何致富的指南,直播说的是如何月薪翻倍的秘密,因为它们都看穿了世人急功近利之心,自己也能迅速致富。而那些边边角角无用的东西就从生活的传送带上跌落了下来,被淘汰出局,生活和人生本是饱满立体的东西,如今却越来越被筛选干净,变得坚硬干瘪。

但事实总是与人们想当然的东西背道而驰。

　　乔布斯在 2005 年斯坦福大学毕业典礼上讲了他辍学之后的经历。他当时并未离开学校，而是听了一些自己感兴趣的课，其中一门是美术字课。当时看来完全"无用"的课，在 10 年后他设计第一台个人电脑时，为发明电脑上的可变字体发挥了作用。乔布斯说，如果我当年没有去上这门美术字课，苹果电脑就不会有这么漂亮的字体。跟着我的直觉和好奇心走，遇到的很多东西，此后都被证明是无价之宝，哪怕别人说这些知识"没用"。

　　有许多人写自传，回忆往事时都会提到儿时的阅读后来对他们产生的不可估量的影响，可能是一本书，可能是书里的某一句话。当时看来可能"无用"，没有立竿见影的效果，但后来都一一被证实它们会在人生的某个重要时刻突然跳出来帮了他们一把。后来一些很了不起的变化，或许就是来自当时那些"无用"的时刻。

　　人类有很多复杂的情感，恐惧、不安、柔软、不舍、尊严、自豪、正义感，都"没用"。谍战剧里考验特工的方式，常常是让他去杀掉最爱的人，因为那些心底的柔软和不舍，对极度残酷的战争来讲是拖累。但蔡康永曾说，那些光荣、正义、尊严一再在晦暗时刻拯救他，对很多人来讲"没用"，对他来说却是人生珍宝，禁得起反复追求。所以你看，这些"无用"的东西，有在至暗时刻扛起人生的力量。

　　我曾经和人说过，我小时候有心事睡不着，脑子里就开始想一些稀奇古怪的故事。在人生路上我不能导演自己的命运走向，但在睡前的那一刻，我可以尽情地安排男女主人公命运的走向，剪去生活中不快乐的片段,也不用考虑文学性而刻意加上一些磨难以显示厚重。我以前学过的那些"有用"的理论统统不能安抚一个孩子的内心,但我到现在都记得,那一个个如水的夜晚,我是多么"无用"而快乐地度过了睡前的时光。

在所有人都喜欢把自己经营成一门生意的时代,稀缺的不是财富,不是名利,不是上了几回榜单,创立了几个公司。我承认这些足够闪耀,积极入世追求财富本身也毫无问题,但"爆款"的大门从来不会向源源不断的东西打开。

所谓本心、差异和无用,本质上都是一样的,你的本心或许区别于主流,多半在某一个时期看起来无用。但人生最终比的,却是能守护住多少本心;最终被人记一辈子的,是独一无二的灵魂;最终能超越自己的,是那些无用却宝贵的东西。本心、差异和无用构成了一个人的信仰,而人终归是信仰的俘虏。

我愿意把"爆款"两字,送给这样的同龄人。

唯有时光不可负

1

香港"四大天王"之一的郭富城迎娶"网红",60后中最后一个美男子的婚姻大事终于尘埃落定。据说郭富城是在50岁的时候,觉得自己"适婚"了,是时候找个当下的身边人陪伴后半生。所以最懂女人心的专栏作家黄佟佟小姐精准地说,能让一个男人改变心意的,是年龄,跟女人无关。

与房子这类天雷勾动地火般气势汹汹的焦虑不同,年龄,是一种慢性的、持久的、间歇性剧烈但大部分时候并不起眼的隐形炸弹。

当20多岁即将下架、30多岁一去不返、40多岁无力找回、50多岁也求而不得时,站在每个以10年为计数的拐点上,老真是一件让人绝望的事啊。而在细碎的时光里,人们还是照样吃饭、睡觉、上班、买房、卖房,在房产限购政策里盘算对策。

我一向对年龄迟钝,况且经历、见识、情商和智慧都需要时间来获取,老有老的好处。而我真正对"老"开始沮丧源于最近遇见的一件事。

饭局上一位友人谈论自己年轻时寥寥无几的恋爱经历。我和友人相识多年,深谙他的质朴单纯。他感叹说,那时候对女朋友的要求太高,对爱情的要求太高,有人向他表白也不动心,总觉得那样普通的女生配不上自己。其实哪有 100 分的人,60 分也是可以练练手的嘛。众人皆笑。

可我有点笑不动了。

老是一种什么感受呢?就是以前视若珍宝的东西开始变得廉价了。

如同姑娘们曾经铁打的友情,为一个朋友可以肝胆相照,为她怎么可以和另一个姑娘更亲近诸如此类的人间小事耿耿于怀,到现在,微信聊天的对话框慢慢从列表最上面降到了下面,慢慢找不到了,没了联系,也激不起一丝波澜。

从以前的单纯傻气、真情至上到现在的圆滑复杂、九曲心肠,人们和时光都各有建树。我知道,那种从泥坑里爬出来,眼睛里还有晶莹剔透的光的人,慢慢见不到了。

你曾经嫩得掐出水的皮肤、披挂上阵的青春、心有猛虎的芳华、心无旁骛的澄澈、小鹿乱撞的心事,都在这些细碎的时光里悉数明灭,能再拥有的概率比拥有许多套房子更小。有一句很形象的话说,我的小鹿也曾经乱撞过,只不过现在的它们都被撞死了吧。

2

在生命的时间轴上，除了诸如郭富城这类金字塔顶端的 50 岁男性终会被时光打倒，想来人类与任何一个年龄段的对峙都跌跌撞撞，从没有完胜过。

40 岁的女性在男权社会的遗毒里总有一些尴尬，即便在这个年代，女性其实并不以"年龄"划分，而是以是否"强大"划分。但不怀好意的人总认为这个年龄段的女性在外貌上已完全破产，是婚恋市场的差等生，仿佛 20 多岁的年轻姑娘才和美丽关联，才是真正鲜活的存在。最糟糕的是，有研究说人一生中的幸福感仿佛 U 形曲线，而在 40 岁抵达最低谷。

30 多岁的男性在现实的泥沼里总会在某个瞬间有"入错行"的担忧。自以为是的老世界转不动了，新时代升了级、换了成分，他们引以为豪的技能已无处安放。纽约高盛集团的股票部门从 600 名交易员减到 2 名"留守空房"，华为开始清理 34 岁以上的员工，一位 31 岁男子因为 PPT 做得太丑而被炒。而在北大、清华毕业的 30 多岁学子的抱怨里，除了与他们少年时代几乎没有"妥协"和"后退"的境遇有关，有时候也不是同行业的"苦"，而是入错行的"酸"。

而 20 岁出头的女性，明明在最好的年纪，但慌张程度却超过女性的其他任何一个年龄段。在 20 岁到 30 岁的十年里，她们对全时间，仿佛一场漫长的精神厮杀。美容顾问教导你，什么时候开始保养，皮肤才会尽可能停留在那个年纪。职场老板教训你，工作的前三年，努力就好，不要想着攀比薪水。而远近赶来的七大姑八大姨劝诫你，要在具有最高的市场价值时把自己嫁掉。连年少成名的蒋方舟小姐，在婚恋市场上也是小心翼翼地周旋，作为被挑选的那个。

　　无论身处哪个年龄段，这些焦虑的个体在人声鼎沸的浑尘浊世里忙着"趁早"占坑，有勇气随机游走的寥寥无几。

3

　　而对年龄的焦虑，其实古人就有了。古人说，"三十功名尘与土，八千里路云和月。莫等闲、白了少年头，空悲切"，古人说"花开堪折直须折，莫待无花空折枝"，古人说"岁月如霜刀，刀刀催人老"。虽然古人没有社交网络放大贫富差距，没有直播观看创业黑马公演童话，没有人工智能和新经济颠覆传统行业，但他们输在了寿命短。

　　现在的人类，虽说可以借势科技拿钱买命，但输在了信息透明的空前绝后。还未找到自我便被他人的捷报挟持，还未伸出双脚扎根大地便被"同龄"中的翘楚带着被迫小跑。坊间曾流传过一张年龄与社会成就匹配图，薪水、级别、婚姻、儿女悉数上榜，仿佛从 21 岁毕业到 40 岁的人生是一条一马平川的 45 度斜线，没有病痛，没有竞争者，也没有"黑天鹅"。让初出茅庐的年轻人，把许多明码标价的风光，误以为是年纪理所应当的加持，也让这些最终败兴而归的年轻人，对年龄的焦虑雪上加霜。梁文道说，每个年轻人都以为自己是能飞的，可是到了最后都还是在地上。

众人拾柴也欢得很。微信的爆文里总有几款，教你 30 岁如何而立，40 岁如何不惑，又或者，在之前的岁月里，如何快马加鞭地准备好。把原本各自迥异的风光，化作流水线上的标准化产出。

代际鄙视链同样挥之不去。80 后羡慕 70 后赶上了时代变革的风口，被财富和名望砸中，顺理成章地成为金字塔顶尖的中流砥柱，感叹自己生不逢时。80 后也羡慕 90 后正当好时光，有大把的时光去重塑，感叹自己如墙上的水泥，时间将它风干，变得稳固，却也动弹不得。然后 90 后、00 后和 10 后也会在翻天覆地的社会变革里，继续重复这样的患得患失。

4

问一位刚入职的小花芳龄几何，她略带羞涩，把"96 年"几个字轻轻递出舌尖，人群里爆发出一声惊叹。这场景令你觉得恍如隔世，因为曾经的你风华正茂，在刚刚迈入社会的大门里时，也是被前辈们这么围着盘问，然后人群里同样爆发出一阵惊叹，朝你投来羡慕的眼光。

可这样的时光再也不会有了。

而在这样的一个轮回里，人们大多数的时间还是照样吃饭、睡觉、上班、买房、卖房，在房产限购政策里盘算对策。如今的人们又在生命里添了一项主旋律：费尽心机利用婚姻来添置房产，为买不到的学区房长夜辗转，把爱情与房子放在同一座天平上反复权衡，为噌噌往上跳的房价频频调整兴趣、修改初心，然后几十年过去了，在他们的人生传记里，房子是起因，是高潮，亦是结局。

也在这样的一个轮回里，时光把你曾经嫩得掐出水的皮肤、披挂上阵的青春、心有猛虎的芳华、心无旁骛的澄澈、小鹿乱撞的心事、视若珍宝的真情、引以为豪的标签都一一掠夺，把焦虑、恐惧、失望、纠结、成长、成熟、坦然，又一一抛回给你。时间是太珍贵的东西，你知道在任何一个年龄段都难以赢它，你知道古往今来人们都在焦虑它的出走，你拿它来应付日常的衰退都不够，可如今的你豪气地一把抓来你的黄金时代投掷给房子。你像是时光的负心汉，一方面想要积极拥抱它，另一方面又将它尽数抛弃。

若知老之将至，唯有时光不可负。

第 *02* 辑　恕我
私藏了一座都市博物馆

城市选择

开疆辟土
断尾求生

人生选择题
之五

当你降落在北京、上海、广州、深圳，

开始一场华丽冒险时，

是开疆辟土，还是断尾求生？

是苦楚穿肠过，还是一笑泯恩仇？

优雅逃离北上广

把千年老梗再拿出来说的初衷是,这一回的姿态是"优雅"。

换句话说,不是"没得选",也没有火药味,带不带得走云彩,都是小事。

不过请记住,这道题不适用于没在北上广久居过的人,也不适用于铁了心要赖一辈子的人。刚扎根的毛头小伙还沉浸在积累资源与机会的兴奋期里,而打算待一辈子的朋友本也不打算在舒适区外开拓人生的可能性。

也请你记住,这不是一次说走就走、到点便准时折返的旅行,不是一次口号式的宣泄或鸦片般的抚慰,这是一次深思熟虑的离开。这里可没有营销活动发给你的往返机票,而你也没兴趣与趁假期飞往异国晒一堆照片的朋友为伍,你自己要有一辆车,或者一张单程机票。

接下来,请允许我向你的内心发一份问卷。

首先,你十分明确你离开的目的。

你可以说出 100 种你更期待的生活。你希望去常青藤盟校读一个有趣的学位,你希望先去硅谷学艺再去人工智能领域创业,你希望去云南开一家客栈，你希望回家乡开发一个度假区，又或者，你有足够的才华用尽自媒体变现的最后一点红利。总之，在你所处的北上广，你无法找到让你释放内心激情的立足点。

当然，你也会有 100 种对现实的抱怨。你不喜欢随时光临的雾霾，不喜欢拥挤到会被弹出去的地铁，不满意毒素随机分布的食材，你也反感弥漫在大城市里的滚滚戾气，讨厌堆砌世故与浑噩的职场环境，你不愿意再懦弱地回应大众的期待。这都很好，离开你不喜欢的事情和找到你热爱的事情，对圆满自我的人生来讲，同样重要。

其次，你有一颗强大的内心。

我可以肯定，你能萌发这个想法，就说明你不是那些习惯躲在群体里狂欢，需要安全感随时傍身的人。你不是那种在舒适区待久了，就对这个世界失去感知的人。无论你孑然一身还是拖家带口，你都在"不知道将来会发生什么"的赌注里坚定地放上了筹码。

可我说的内心强大，并不是指故事的开头。作为一个成年人，你要有能力承担所有的后果。万一离开北上广的生活并不如你所愿，万一你把内心的厌恶与期待掉个头后还是空落落，你都要能一并接纳。当然还有一种可能性是，你找到了久违的幸福感，60 岁的时候对着孙女讲起往事还会提到，还好 30 岁那年我放弃了该放弃的生活。

最后，你的价值观并不狭隘。

在北上广混的除了本地人，有一大批是外来的社会精英。从"别人家的孩子"到"董事总经理"的距离，不过是主流价值观的持续不间断的刺激与自我鞭策。他们通常习惯于抓紧所有成为赢家的机会,而你愿意把手摊开,愿意让"我就是我,是不一样的烟火"落在手心,从容绽放。

在价值观这个问题上,社会的进步容纳了越来越多的活法。放弃外交官身份成为自由摄影师的,放弃阿里巴巴千万期权开民宿回归小日子的,放弃北京的优越工作去大理开农场的,这样的例子多到可以写一本书。而他们都有一些关键词附身:找到自我,内心安宁,幸福地活着。他们选择做一条途经无数山川美景的小溪,而不是在管子里中规中矩行走的自来水。

如果你对这些问题都打上了勾,那么恭喜你,你离"优雅"就近了一大步。

然后,你开始行动了。

这并不是一次容易的尝试。你需要把你的新目标细化,把实现目标还差哪些步骤一一列举出来,有条不紊地执行,定好时间表。出国深造需要通过考试,创业需要找合伙人,做生意需要选址,即便没有偏离熟悉的行当太远,也需要有一段从在大平台呼风唤雨到在野外赤手空拳搏斗的心理准备期。

这是为自己改版的过程,你还有能力去选择为自己升级换代,是一件幸运的事。

总之,你需要对新生活有强烈的欲望。不是有一句话吗,当你真的想要某样东西时,全世界都会为你让路。

这一点,决定了你"优雅"的底气。

这中间，当然时不时会有"慌乱"来搅局。

和你海誓山盟要一起逃离的同伴背弃了你。身在曹营心在汉的人抓起来有一大把，说着"世界那么大我想去看看"的人，第二天还是西装革履地出现了上海人民广场拥挤的地铁里。

你的新事业看起来前景光明，但道路曲折。你忍不住会再思忖，我数年打拼下的江山和立足地，要不要拱手让人，要不要破釜沉舟，从零开始？

你的家人轮番上阵，对你软硬兼施。你也会犹豫，要不要为了至亲的偏好，做人生的最后一次妥协。

于是你与自己的内心，在深谈数十次后，还是会在一个辗转反侧的晚上，再好好做一场诚实的坦白。

北上广是训练场，是实验室，是温柔乡，但无论如何都不是来了就掉进去的"小时代"，遍地有黄金。一切光鲜的行业，似乎都需要用你同样倚重的东西做交换。

在北上广之外的平行时空里，你的青梅和竹马同时拥有令人艳羡的时光，也给了你一次次一鼓作气想叛逃的瞬间。

是，北上广的机会很多，但存在感未必强烈。越大的城市，和越大的公司一样，标配的是螺丝钉，永远人外有人，有一打比你有钱还比你拼命的家伙。

还有一点是，世界那么大，北上广之外的地方也可圈可点。距上海180公里的杭州，可能就藏着下一个中国首富。

而最让你心安的理由是，总有新故事值得期待。毕竟现在的你，也不过是想多看看这世上的好风光，这和你当初花十余年寒窗苦读练就一身本领闯荡北上广的初衷，是一样的。

你沉沉睡去，梦里的微笑如婴儿般纯真。

瞧，说服得了你自己，真的帮了"优雅"很大的忙。

终于，你提出了离职。

你向老板说明了原委。你与同事交杯换盏，大谈理想，你告诉他们，在妥帖照顾内心所需的时候，你在所谓的"硅谷层级"上又爬高了一层。

最后一步，你确实可以再利用起这个时代的伟大发明——微信朋友圈。有多少人用它抒情，就有多少人用它来公关。你当然可以每天刷屏，从只发"十二点还在浦东机场"的"加班狗"进化成写下"每天叫醒你的是梦想"的"励志狗"。

但真的要做到"优雅"，我劝你远离它。有新的事业需要奋斗，是不会一天到晚刷存在感的。因为你正在奔向的新世界，才是你最隆重的存在感。

大结局那一集，你站在候机室回望。

空调风吹着你的衣角，内心的温热带走了空气里的温度。所有的建筑在你眼里都变成了凝固的琥珀，脑袋里过了几百遍的顶级地标都渐行渐远。你曾经所有的怀疑、不甘、焦虑都被你服帖地攥在手里，眼角眉梢藏不住的是轻松。这真的就是你淋漓尽致活过的地方，也是你即将告别的地方，你忍不住感叹命运无常。刚来时的那股热血还未散尽，你就得怀揣着它，奔向好地方。

至此，我为你鼓掌，你"优雅"地完成了逃离的全过程。离开北上广，听起来是多么疯狂的一件事，你或许会被刚花了千万元人民币砸下静安区一间普通公寓的同学嘲笑：嘿，这家伙疯了吧。可这事，真要做起来其实也没那么遥不可及。

而这所有的"优雅"，其实都不是任何方法论可以教你的。所有的底气，只来自你是不是还拥有少年心性，是不是真的有能力离开任何标签和依附，都能活得生动淋漓。

讲到这里，你好像明白了，这并不是一篇真正教你"逃离"的文章。比要不要"逃离"更重要的，是你是否具备随时可以离开的能力。

当你已经不需要用一座城市、一处地标或一个平台来证明自己的时候，就是你真正强大的时候。

留十年给北上广

无论最终你是不是选择离开,北上广都是中国地图上最值得标注的地方。曾在你人生最一无所有的日子里,结结实实地染上些大城市的气息,并不是坏事。而我说"十年",是因为这是一个完全可以让一个人从过客变成居民,从青涩到绽放的时间。一旦一件事被标注上了期限,就会像挖不完的宝藏,白米饭也变成了明月光。

1

鲜衣怒马的少年,迫不及待地来到城门下,带着清澈的朝气。门被徐徐推开,就如慢慢拉开画卷的卷轴,你知道后面还有无限绮丽。你也暗暗憧憬海明威的预言,这些绮丽能一生都跟着你。来自山川湖海的你,在不愿意囿于昼夜、厨房和爱以后,你也遇到了这里无限的可能性。

几年以后,当你习惯了踩着 10 厘米的高跟鞋,在法拉利轰鸣的声音中无表情地踱步进入钢铁森林里的一座摩天大楼;当你从习惯朝九晚五的生活到晚上八点才刚挂掉办公室里的越洋电话会议;当地平线把时光碾进黑暗里，你还在 88 楼高空里推杯换盏，面前是夸夸其谈的男女青年。在异常亢奋的情绪里，在从未被按下暂停键的时光里，你就如机场传送带里运送出来的行李箱，无论新旧，都清一色地被打上了"北上广"的标签。

从世界各地回归祖国的高知青年相信，北上广是为他们钦定的归属地。因为当整个世界翻天覆地的时候，这里最能感知脉搏的起伏。你那位曾经腼腆局促的男同学，在金融行业沉浮数年之后，已经是上海最有格调的餐厅的常客。而你那位久未谋面的发小喃喃告诉你，她已经回不去了，这里一马平川的去途，都让她差点忘了那条折戟沉沙的来路。

主打"市梦率"的创业者认为，北上广是他们遇见顶尖合伙人的福地。最近听到来自一位业内资深投资家的评论，发现在京广线以西的企业里，或许不乏商业奇才，却缺少同样出色的中层。而且企业家普遍容易满足，往往止步于上亿规模的企业。但北上广深杭的创业者不同，有相当一批人心怀着做百亿独角兽企业的愿景。北京的中关村和杭州的梦想小镇一样，资源和人才都蜂拥而入。而圈子最直接的影响力，就是逐渐拉平一开始的距离。

而对芸芸草根而言，这里的冲击更大。只身闯荡纽约的凤姐说过："虽然我不觉得自己今天活得有多好，但是对于我这样的农村拖油瓶来说，今天的我，已经是所有可能里最好的我了。"而我也会猜想，如果不是在上海做生意，科技馆的地下铁商贩怕是不会练就一口流利英语的。

那个常在烈日下吊在半空擦着陆家嘴汤臣一品豪宅外墙玻璃的建筑工人，是不是也同样作为一个只见风吹草低见牛羊的小镇青年，参与了陆家嘴华丽转身的全过程？

身处其中的你也许还后知后觉，就像身上被逐渐改变的气质，你的未来也在冥冥中被改变了轨迹。拥挤的街道，立体多面的人类，走在路上不会感到诗歌扑面而来的北上广；赐予你光环，却叫你千疮百孔生存下来的北上广；轻舟载你驶过万重山，却在两岸附送雾霾和废气的北上广。它们有无数让你逃离的理由，却给了你最强劲的抗体，在汲取精神、格局、激情的同时，帮你对诱惑产生免疫，还帮你一并抹杀掉了内心的软弱。

这就是"视野"带来的福祉。它们并不完全和年龄成正比，更大程度上取决于你体验世界的深度和广度。它们也不止步于你的出身，同时还取决于你的选择。你来"北上广乐园"探一次险，它附赠你的这些阅历，也许已经值回票价。

更现实的理由来自"机会"。我常在机场、火车站和地铁站里，看到挤满了各种来北上广寻找位置的人。他们不会说，"哦，我就来随便看一看，开开眼界"，他们通常是为了一个晋升的机会、赚更多的钱或者一份新事业的可能性。

　　机会能让你学以致用。我那些在北上广求学的同学们，除了去往海外，几乎都不太会离开这些大城市。全球最顶尖的金融机构只会在大城市有办公室，声名远扬的企业也不会把总部放在三线小城市。金融系学期权的硕士毕业生可以在顶尖机构的衍生品交易台如鱼得水，但在一个二线城市的公务员体系，或许都敌不过一个八面玲珑的大专生。

　　机会能抬高你一开始的人生高度。大伙都在为简历上耀眼的一笔拼命涌入最好的公司，为长达几十年的职场生涯晋升做铺垫，连身价不菲的富二代都会选择在大城市里的大机构体验生活后再回去继承家业。在你毕业后的最初几年，几乎没有人愿意放弃把一张白纸的自己涂满金光的机会。让我对还一无所有的年轻人说"逃离"，我实在讲不出来。

　　机会是兑现梦想的第一道门槛。"北漂"存在了那么多年，听起来大多是没有归属感的悲伤故事，可这个群族还在源源不断地扩大着。一位出身农村的"豆瓣红人"在网上写过，来北京之前，她从未想过自己会出书，可以把自己当作一个 IP 去经营，可以和志同道合的友人共同去做自媒体赚钱。当然，被理想与现实两种力量不断拉扯的外省青年，有时也会像一张单薄的纸，分分钟就快被现实压力撕碎了。但你知道，不论从何处跌下来，都有一个叫作"梦想"的东西接着，这就够了。

　　机会也是你与更优秀的人之间的联结。绿妖写文艺青年入京很有意思，她说："对来京朝圣的外省青年来说，初次于饭局相遇，就像一个长期潜伏的地下党终于找到了组织。在外省，他们长年生活在自己的内心世界，他们孤独地阅读，用每一个机会买书，他们上网，和全国的文学青年联系，在每一个文学 BBS 上发帖，熬夜写文章，用网络上收获的掌声，掩饰生活中的倦怠。终于有一天，他们来到北京，发现无数同类。在最初找到同类的狂喜中，他们归队，崇拜着一个又一个中年男人或女人。"

机会还给了更多的草根勤劳致富的途径。烈日下吊在半空为上海中心赶工的建筑工人，天蒙蒙亮就在街边摆摊的小贩，一个一天打几份工的保洁阿姨，他们或许累到来不及做完一个美丽的梦。可是也只有在这些大城市，他们的体力劳动才能得到丰厚的褒奖，在一个大都市惊喜地发现，有自己的一席之地。

但机会只是最初的门槛，并不是一剂让你脱胎换骨的神药。更重要的东西在于，机会能激发你体内最优秀的因子。你以舒适区外的坚持去胜任，之后的人生历练和蜕变，以及你不断发现更优秀的自己的过程，才是机会带给你的最大价值。

3

另一个乏味的真相是，安全感。这里面当然有一些客观的因素：不愿让孩子的教育输在起跑线上，医疗资源还算丰富，良好的社会秩序，优越的公共设施，数不清的行业交流分享会……离开大城市，这些资源都不一定会有。如今的我们，和任何一个时代的年轻人一样，可以不囿于小家，但不得不囿于现实。

但更深层次的心理因素，或许还在于社会的认同感。这其实挺容易理解。这世界翻篇太快，人与人之间的距离从天涯变咫尺，所有小的闪光点都可以在社交网络放大成里程碑。这就像一枚硬币的正反面，选择变多了，安全感就变少了。

听起来很无奈，可人生就是一场世俗与内心的较量，完全跳下擂台不做比较的状态确实美好，但对于真的再也不抬头回望，我却持保留态度。

毕业以后的人生，没了定期的考核来出产同质产品，因此在若干年后的同学会上，你会发现当初大家在北大西门外的鸡翅店吃夜宵的时候都有同一张青涩的脸，现在过的却是参差不齐的人生。有人得意，有人失意，有人想翻盘，也有人意难平。世界从来都不公平，留在大城市，成了你最后可以仰仗的活法。

而打拼多年的成年人同样没有安全感。还没还清的房贷，两个孩子读国际学校的费用，要不要在郊区添置一个度假屋，好像总有永无止境的烦恼。而到了不惑之年的朋友们，又开始考虑人生的下一步，是继续待在体制内，还是下海创业。年轻人羡慕地看似是人生赢家的中年人，其实双方都是在围城内外相互仰望。而看上去越是成功的人，越会有更高阶的对标，越会绑在现实的车轮上，在资源最密集的地方轰轰烈烈地往前跑。

　　人生在某种意义上说,总是公平的。妥协于安全感的人,往往过的都是不尽兴、不舒适的人生;但你为得到目标而付出的努力,反过来会回馈给你更扎实的生活基础。

　　所以啊,万全之策是没有的。就如我可以在北京一塌糊涂的空气质量里怀念出租车大爷热情美好的笑容一样,我也会在上海精致的眉目风情里对陆家嘴横冲直撞的交通工具心有余悸。

　　这个年代,最不缺的就是流动性。但也会有人跳出来说,要"择一城终老"。前者的态度和后者的情结我都懂,但人生未必对此买账。所以我想悄悄站在中间,立一个"十年之约",为自己的视野、机会和安全感负责,也为更辽阔的生命续曲,留一点想象。

如何与大城市相处

讲真,当命运之手推着我,在数年前的一个夏天让一个孩子降落在上海这座城池,从此展开了一场华丽的冒险时,我未曾料到,几年后一部全民叫好的《欢乐颂》,又把这部"如何在大城市求生存"的历险记重新翻读了一遍。

最初的童话带给我们的,是一摊自带新鲜感的鸡血,或是几丝夹杂着兴奋劲的惶恐,却绝口不提丛林法则严苛的教条。是樊胜美、关雎尔和邱莹莹那群亟待上场的演员,期待舞台上分分钟上演"××的诱惑"的人生反转剧,或者是安迪、曲筱绡那样拿资历或资本"换一个地方体验生活"前的那点儿"小确幸"。

只有在大城市开疆辟土、抗衡生活、断尾求生之后,才知道生活诸多龃龉都不是假的,用绽放的欲望去压倒自身的局限多半不靠谱,颜值和才华有时更是泯不了恩仇。大城市可以激动地摇着你的身子大喊着,现在你明白了吗?

从没有镀金身的落跑长公主,只有活得像一支队伍的铿锵独行侠。

大城市的卖点是机会多,收入高,新贵集中,是一套自带江景的豪宅,它提供给你一个可以随时眺望"高处"的大露台,还有一个可以不断积累心头好的衣帽间。

大城市的陷阱是恩格尔系数较低,但基尼系数却偏高。上海 IFC(国际金融中心)里面摇曳生姿的女人,敞篷车里走出来的小开,私人游艇里侃侃而谈的朋友,都成就了一个心比天高的樊胜美;但往往,最后大城市抛给你的,是一个小心翼翼落座在顶级私人山庄,靠喝酒壮胆才能表露真心,但还是逃不过半路仓皇离席的王柏川。

大城市最常见的,是数不清的平行世界。有樊胜美、邱莹莹那样浸泡在沉闷时光里的普通姑娘,也有像曲筱绡、安迪那样徜徉在轻盈世界里的白富美。能轻松划分泾渭线的,除了月入八千和月入八万,通常还有一个人的精气神,是樊胜美"苦楚穿肠过"的愁眉紧蹙,或是安迪"那都不是事"的莞尔一笑。

大城市的生存方式其实花样百出。即便头顶着优胜劣汰的丛林法则,也不妨碍热带雨林里的每个急需扎根的生物,自带一套可以倚仗的安全活法。一份安迪般光鲜亮丽的履历,一个小曲般庭院深深的靠山,一套樊姐般春风拂面的情商,一股关关般吭哧吭哧的拼劲,这些看起来都不错。甚至连一个如邱莹莹般天真单纯的头脑都没有那么不堪,在这个不谙世事的姑娘不断被生活辜负时,至少还可以以一种近似麻醉的方式抵御残酷。

而在大城市生存下来的结局,也没有绝对的好与坏。我并不愿意去谈一些出生决定命运、智商决定成败、阶级无法改变之类的让人沮丧的话题。因为从人生的大尺度上去看，精英或许没法拥有凡间沾染烟火气的幸福，富二代或许是踩着无数"捞女渣男"残骸练就的人情练达，草根也拥有人生起落的更辽阔的生命体验，代价通常是比顺畅更铭记于心，在 30 年后还可以作为谈资的回忆。我只想树起一面旗帜写上几个大字：生活面前你我皆凡人，管你是"渣"还是"霸"。

有人失业，有人失恋；有人跳槽，有人高升；有人创业，有人破产；有人东山再起，有人焦头烂额。那是一段灵魂被反复揉搓，生命被反复擦拭，三观被反复修正的不可多得的经历。所以，比起一套求生存、求富贵的成功学，我更希望翻开这本教科书看到的，是每一处人生低谷带来的那点儿最珍贵的体验；是"我的人生怎么会有这样的情节"这类质问背后的那点儿刨根寻底；是青春所自带的饱满的汁水，被大城市的高速运转甩干脱水后的那点儿带着清香的精华。

我更愿意，用以下所有字符去列一张我们要如何与大城市"相处"的清单。相处时多一些自如，相处后少一些尴尬。

第 1 条：只与同好争高下，不与傻瓜论短长

我向来不喜欢如此壁垒分明的话，却不得不在"如何与大城市相处"的清单里放上这一条。大城市塞给你的，通常是匆忙、效率、成果，是一套自成方圆的规则和界限，而不是小城镇里用唠嗑来打发时光的人情世故。

所以五股不同的气息,在欢乐颂小区的 22 楼达到微弱的平衡已是皆大欢喜。更早的时候,你会看到一个读书不多、眼界很浅的邱莹莹,在面对安迪好心的劝诫——"不要多看成功学的书,对你没好处"时会本能地发飙,站在门口破口大骂外加短信骚扰。网络上扑面而来的诟病,所有人都在反感这位不合时宜的"傻瓜"。因为但凡在"傻瓜"列队之外的人,都会知道有时候情绪只需要一个落脚点,而不是祥林嫂式的蔓延。而更让我心有余悸的是,同样是可爱妙龄的姑娘,却被一个偶尔的突发事件,一下子划分了高下。

没有人愿意做傻瓜啊,没有人愿意做办公室里那个最不合时宜的人,没有人愿意攀住了高枝却成了凤尾。所以樊胜美拼命去结交更优秀的人,曲筱绡被迫去看王小波的书,大伙都在拼命领略开阔,以免又掉进偏颇里去。

而越走到高处的人,就会越远离那些负面的细枝末节。

安迪面对邱姑娘的无理取闹,与面对不实的"小三攻击"一样,采取了忽视、不理睬、放宽心的态度。有点像面对这些年司空见惯的网络攻击,某天后从未为自己的感情观辩解过一句的潇洒做派反而博得了掌声;而那些被水军牵扯住精力,无休止地沉溺于"较劲"的后果,多半都逃不过"杀敌一千,自损八百"的惨烈画面。

一个脑袋还算灵光的人,面对"跳进黄浦江也洗不清"的论战,通常都会自备救生圈,以便随时把自己打捞上岸。

我总是看到金融街上面无表情匆匆行走的人们,每个人都负重前行，当真再背不动天外来的黑客。若是碰到人流里拉住他们大喊"你给我讲清楚啊"的人，大概人家会头也不回地回一句："你没事可做吗？"

第 2 条：救赎人生困境的只能是自己

我最喜欢安迪的地方，并不是她自带光环的华尔街履历，也不是她冷静干练的女强人做派，而是一个一路走来的孤独天使，装下了一个勇敢独立的强大心脏。

所以奇点和安迪在一起的画风，总是有那么一点天然的不和谐。她在遇到人生突然的际遇之后并不是躲进男朋友缱绻温暖的臂膀，而是选择一个人躲进车里整理思路，选择一大早一个人去福利院寻找记忆。所以即便在一位多金、儒雅、有强大物质和精神基础的大叔面前，她还是藏不住自己那股更炫目的气场。

西蒙·波伏娃说过一段很有智慧的话，她说："男人的极大幸运在于，他不论在成年还是在小时候，必须踏上一条极为艰苦的道路，不过这是一条最可靠的道路。女人的不幸在于被几乎不可抗拒的诱惑包围着，她不被要求奋发向上，只被鼓励滑下去到达极乐。当她发觉自己被海市蜃楼愚弄时，已经为时太晚，她的力量在失败的冒险中已被耗尽。"

这段评价男女成长体系导致话语权差异的分析，我想对安迪是不适用的。她选择独自承担命运，恰恰是选择了一条最可靠的道路。

第3条：生活不会善待你，也不会亏待你，
你若不够勇敢，它就会打败你

奇点说过最好的一句话是："人有时没有你想的那么好，也没有你想的那么坏，都是凡人。"我想把人换作生活，大城市里的生活，或许同样适用。

用作家水木丁的一句话来诠释，生活不会善待你，也不会亏待你，你若不够勇敢，它就会打败你。

天赋比不上毅力，聪明比不上坚持，道理我们都懂。你看那些最后能登上杂志做人物访谈的知名人士，都会深情款款地回忆说，哦，那些生命里大段大段的空白期，在坏日子不断翻来滚去不走的时光里，我恰好没有放弃。比如那个李安，比如那个黄渤，比如我家乡的那位"马云爸爸"。

关键是，如何熬过去？

用更长远的眼光去看，生活绝不是一时一地的得失。选错了专业，找错了工作，爱错了人，每年踏进几个坑，都是再正常不过的事。而且现实是，好姑娘一般都被生活伤得不轻，因为单纯，因为善良。这个世界没人规定一个勤勤恳恳的模范员工就可以升职加薪，没有人会保证一个良家女孩就不会遇到渣男，上帝也不会阻碍一个品行恶劣的人张扬地横行在朋友圈。

一位朋友在网络上感叹在大城市"三十不立"，我想不出更好的安慰的话，默默打下一句话：比立更重要的，是不要在 30 岁就死去啊！

站在更实用的角度，不妨多做以下几件事：多看名人传记，比你惨100 倍的人数不胜数；多运动、多读书，都是可以变成骨骼、长出文化来的好东西；珍惜每一个当下，因为我们总发现再苦的日子回过头去看都还不赖；再不济学学邱莹莹、关雎尔两位姑娘，一边不修边幅地过生活，一边为自己虚构出一个远方，用"盼头"秒杀所有"苟且"。

我想邱莹莹是最乐于谈论这个话题的。她在做推销员的大中午，坐在路边的凳子上拿出一个自备的三明治，干劲十足，那时太阳住在她的身体里，闪闪发光。我写这篇文章写到第 1000 多字的时候还在谈论她的"傻瓜史"，写到 3000 多字的时候便已全然翻篇。你看这人生的反转剧，多快呀。

第 4 条：路不是走得多、走得快就好，
重要的是找到适合自己的道路

你肯定不相信，一个开着百万跑车，路走得又多又快的金领安迪，会心平气和地说出标题中这样一句话。

刚刚好的道理，年轻人刚闯荡大城市的时候总是不屑去理的。只有见多了山水的人，才会懂得有时用蛮力，反而是辜负了自己。

在北京大学听郎永淳先生的演讲，他提到人生建议时用到了一个

"倒推"的思维方式——从人生终点倒推你目前的人生规划似乎更有意义。你才会知道,与其现在去泡八个场子、考十八张证书,还不如专注地去慢慢走一条窄窄的,但最让你心动的路。

和我一块进入金融圈的一位小伙伴,在圈内屡受挫折。她聪明、能力强,但恰逢金融危机和招聘冻结,四处碰壁。最后总算找到了一份工作,却琐碎无趣,做得并不开心。她不紧不慢地在别人拼命升职加薪的档口悉数完成人生大事,然后不动声色辞了职,创了业。再见到她时,那张疲惫而郁郁寡欢的脸不见了,围绕着她的是风生水起的事业。她也让我确信,适当的沉寂,反而是一个转机。

第5条:觥筹交错,不如去结交真正的朋友

我觉得《欢乐颂》之所以好看,并不是因为五个姑娘在一大早奔向各自的战场,推杯换盏不留客套痕迹地说上一些场面话,而是她们下班回家后,在同一处屋檐下暴露最真实的自己,把愤愤不平、不知所措、心花怒放、多愁善感等七情六欲统统倒出来,在那个瞬间,她们有人觉得自己是英雄,有人却发现,自己还是孩子。

人越成长,越容易发现自己的局限。你不能选择出生,不能选择父母,连婚姻都讲究门当户对,但友谊是你唯一可以自由选择的东西。它并不讲门户,邱莹莹也可以帮助失恋的曲筱绡;它并不讲贫富,安迪在遭遇网络攻击时,那几个女孩纷纷化成水军去反扑;它也并不讲年纪,

二十出头的关雎尔照样也可以安慰三十出头的樊胜美。她们艰难地在各自的路上跋涉，相互打气，也相互见证。她们因为命运相遇，因为友谊相连，如果这时有谁掉了队，对其他人而言都会生生地疼。

后来安迪在选择回美国和留下来时选择了后者，不只因为爱情，还因为那群可爱的姑娘，让她有了人间烟火气。

一个强大到可以秒杀所有男人的"女汉子"，都会因为这点人间烟火气而变得柔软。社交软件里的弱关系，酒会上的觥筹交错，是所有大城市的标配，但对于人心而言却都是很无力的存在。歌手 Selina（任家萱）人生中的那场灾难和歌手阿娇人生中的那场灾难一样，都幸亏还有她们身边的姑娘。

很多时候帮你在人生路上去收服妖怪的，不是你的金箍棒，而是你知道总会在你身后的人。

每一年还是有无数的年轻人涌进这座城市。我的校友刚刚毕业来到了上海，我的同学在美国转了一大圈后来到了上海，我的朋友过了 30岁之后突发奇想来到了上海。每一种"注定"和"偶然"都变成了这座城市资产的通胀、它无可比拟的吸引力和又一出百分百的《欢乐颂》。

可我真的没法说，它一定是一曲欢乐的颂歌。到最后，你很可能和我一样，把这一段相处建造成了一座博物馆。你记录了每一轮信仰的更换，宛若朝代的更迭。你把所有的残酷、眼泪、破败、狰狞和痴傻，都做成标本摆上去。我不知道它们在你眼里是不是仍旧隆重，但我相信，你一定有资格，把这张"如何与大城市相处"的清单，继续写下去。

北京，北京

人间三月，人们谈论最多的不是雨后新茶，不是桃之夭夭，而是无处安放青春北京。

你看完了知乎上的那个帖子——"北京的房子正在透支北京年轻人的创造力和生活品质"。你清华的校友，像是散装的祥林嫂，都纷纷撕开口子供人观赏，而你还躲在屏幕背后任凭内心浪涛汹涌。你甚至开始没那么讨厌北京的雾霾天了，至少你觉得它"公平"。然而努力读书，也换不来人生的一点选择权。从小被灌输"知识改变命运"的观念，现在发现那些说起来特别顺口的句子都有破绽。

十年前你接受旁人拼命鼓掌，十年后你的骄傲全数坍塌。橱窗里放不下的奖杯，照片里闪着光的博士帽，全北京这家公司只选了你和另一个人进了最终面试，但这些最后统统都不能定义你。

习惯了在人生里开疆拓土的你，终于有一天也有了"失地"。

你一定在想，你是如何从一个世界不断把存在感塞进你手心的 18 岁青年，变成了连北京一件刚需物品都差点接不住的 30 多岁的中年人。

想想当初的你是怎么来到北京的吧。

6 岁以后,你的童年仿佛就消失了。你的青春被禁锢在了一间间的教室里。你从小学开始参加奥数,初中开始参加全国的数学竞赛,高中还顺便去了物理和化学的竞赛考场。可是你在文学、艺术和历史上也都毫不逊色,你是全能选手。你的眼镜片一年比一年厚,尽管你从来不看电视。你高中习题书的封底,是未名湖,是清华园。那个全班最好看的女同学给你写信,你回信时,提着仿佛千斤重的笔写道:我要去的,是北京。

你还记得收到录取通知书的那一刻,兴奋感没有想象中来得强烈。那好像是把人海里和你失散已久的东西还给你罢了。那一年你 18 岁。

那一年你的人生还有无限可能。给你授课的教授,是曾在《新闻联播》里出现过的大咖。你课堂上的老师,都是百度百科里响当当的人物。你是深夜 10 点的图书馆里还埋在文献里的经济系本科生,你是凌晨还在画图纸的建筑系研究生,你是在医学院完成硕博连读的佼佼者,你是穿梭在各种高端论坛和社交酒会的商学院毕业生。你在专业化的道路上狂奔,等待着一毕业就按照预设好的人生轨迹,顺利成为中产,涌入一条万无一失的康庄大道。

那一年你还在 KTV 唱汪峰的歌:"当我走在这里的每一条街道/我的心似乎从来都不能平静/除了发动机的轰鸣和电气之音/我似乎听到了他烛骨般的心跳/……/北京,北京。"

只有你毕业了,世界才扑面而来。而这个世界的复杂度远超你的想象，时代红利似乎已被瓜分完毕。在竞技场上，很多人从背后拿出筹码，你以为你用 20 年的努力浇筑的名校精英的筹码一定最大，其实不是的。你和同班同学在象牙塔里的"平等"，在找工作初期的"平等"，往往是假象。

你因为情怀而留在了顶尖但清贫的科研机构，你因为社会地位高而进入了最好的医学院，你因为命运顺理成章地进入了最赚钱的投资银行，你一直以为是命运垂青了你，其实不是的。你一直被命运束缚着手脚，被世俗规定了去向，被舆论限制了选择，你的掌控权，微弱得可怕。

你被扔进了社会的熔炉。你以为你熬夜加班，认真工作，就可以顺理成章地"进入下一阶段"，升职、加薪、买房、结婚。就像你曾经一步一步从家乡来到北京，不断"进入下一阶段"，录取、学成、毕业、工作。其实不是的。你在某一个关卡前，也会因为弹尽粮绝而被叫停，你进入不了下一阶段了。

你以为你现在买不起北京的房子，是你顺遂道路里最大的路障。其实不是的。十几年来，你来北京的路上，几次失败，几次翻盘。初中时才学英语的劣势让你花了许多年才能把听力做到满分，高中分班时不适应的打击差点让你失去信心，可是你一次次挺过来了。最后你走到了今天这一步，却还是"败退"了。你说成长怎么会那么残酷？

每一个这样的你，最后成了在"知乎"上发声和点赞的你们。

"我在这里欢笑／我在这里哭泣／我在这里活着／也在这儿死去／我

在这里祈祷/我在这里迷惘/我在这里寻找/在这里失去/北京，北京。"

　　复盘到这里，我很难受。就如前几天一位异常优秀的姑娘在北大校友群里说，她现在的工作不过是为了糊口。我把很多身边的故事拼凑起了你，可是我不知道的故事，一定更多。

　　可即便如此，我在前半篇里用到的所有"平庸""败退""失地"都加了引号，因为事实绝不是如此。人这一生，现实和欲望，总是在交战。仅仅因为某一次不能再现"主角光环"，就否定自己前半生所有的努力，认为学历不值钱，是活得虚弱的体现。

　　来北京的历练，一定是财富。你是靠不断被证明的努力，才拿到了来北京的通行证，见到了更多的世面，同时也看到了高处不胜寒。假若你来自一个不起眼的小城镇，跨越千山万水来到这里，我更要为你鼓掌。你心里知道，如果把土著的运气放到你身上，你会比他们更闪闪发光。人生的意义，不在于你的终点，而是在于比起点爬高了多少。富二代的人生，其实少了很多奋斗的意义。

　　而看留在北京的，也未必是"人生赢家"。有人说他们都是没有退路的人，我不完全认同。即便在北京买了学区房的人，就高枕无忧了吗？北大同学群里谈论得最多的，是抱怨，是焦虑，尽管他们是已经拿到第一桶金的人。众生皆苦。人永远是往上看的，起点高了，幸福感再增加的概率就小了，并且常常如履薄冰，每一步都不能掉以轻心。而顶层通道的关闭，会让那些花了大力气的人，理想终成幻灭。

　　退一步说，人生有意思的地方也在于此。你如此优秀，也会对于天价房子手足无措；可你是否想过，那个手握若干房产证的土豪，小时候对着试卷也会手足无措。凡人都有死结，都逃不掉失望。只是世人总把读书好和人生通关秘籍画上等号，但那不过是张彩票。

进一步说，不是走顺理成章的道路，而是创造一种属于自己的道路，这才应该是你来到北京的初衷。不是为了父母要什么、社会要什么，不是清华、北大的毕业生就理应买得起房子，不是留在北京就意味着"成功"，不是让别人定义你自己的人生。尽可能自己掌握生活的节奏，尽可能挣脱社会的绑架，尽可能呵护善待自己，尽可能实现自由而幸福的人生，才是你来北京的价值。

普通人才随大流，而人们乐于谈论的，却都是那些自带强大安全感的人。我某次造访北京，在胡同里，和一位刚回国不久的北大学子谈论他的事业，他正野心勃勃地在北京创建着他心里最伟大的公司。我们聊起让人闻风而逃的房价，他脸上没有一丝波澜，尽管他在北京没有房产。

这个画面定格在我脑海里许久。

不在乎舆论的推波助澜，自动隔离他人的目光，也不回应别人的指点欲和改造欲，内心有着坚定的价值观，对自我的人生真正着迷，就会自带强大的安全感。就如42岁的老徐，能"秒杀"20多岁鲜活却慌张的年轻女孩子。年轻女孩子，就如那些对着天价房子长吁短叹的人们一样，生活没有支点，也就无幸福可言。

我很想念18岁以前的你们，那时候你们还不知道能不能考上清华北大，会不会留在北京，前途是不是明朗，但你们专注、努力，脑海里还有一个执念——要成为一个更好的人。可当你们的人生目标从成为一个更好的人变成了买一个更好的房子时，你们已经面目全非了。

"人们在挣扎中相互告慰和拥抱/寻找着追逐着奄奄一息的碎梦/……/北京，北京。"

祝福你们的碎梦里，不只有北京的房子，还有对自我人生的真正着迷。

折叠不了的杭州

折叠不了的杭州,这大概是,本来脑子里闪过一篇诙谐的《杭州折叠》,却最终流产的原因。

不是致敬 2016 年的 G20 峰会,而是一股被天堂硅谷诱惑来的笔力,最后却坍塌于这里骨骼清奇的画风里。

这座城市的气质是身段柔软,好像一旦折好放开手,就会马上摊平了。它没有名门闺秀硬邦邦的脸,和很多城市比起来,它绝不是跋扈的那一个。和一桩桩浙商传奇同时流传的,是一件件百转千回的爱情故事。而比钱塘江凶猛的潮汐更让人称道的,是西溪湿地里一只只温情脉脉摇曳的船。

这座城市最骄傲的谈资与"折叠"是相悖的。一长串车流会在没有信号灯的斑马线前,为一个再普通不过的老妇人停下来。本来高悬于空中的红绿灯,被杭州拉到了地上和人等高。每个十字路口都安装了贴心的遮阳棚,给等待通过的行人遮阳。几年前推出的解决百姓出行最后一公里的公共自行车系统,在做到了全球顶尖后,继续摸索着要不要以信用来代替押金。

这座城市被推上浪尖的头条新闻，都在叫板"折叠"。一个叫作西湖的世界文化遗产，十几年前便向公众免费开放。遍布全城的图书馆，不收费，也不拒绝任何一个衣衫褴褛的流浪汉。馆长说，对弱势群体而言，图书馆可能是唯一可以消弭与富裕阶层的知识获取鸿沟的地方。几百座"漂流书亭"塞进了城市的各个角落，你说它自贴文艺标签，可它分明在用最决绝的方式拒绝任何产业化。

而赋予它精气神的互联网精神与"折叠"亦相去甚远。互联网讲究开放与平等，致力于把全世界的好东西送到初出茅庐的年轻人眼前，让农贸市场小贩和 CBD 金领享受同等的金融服务，以翻天覆地之势把传统富贾打入冷宫。与嫌贫爱富的传统金融业、阶层分化明显的官僚企业不同，在杭州如雨后春笋般冒出头的互联网公司里，是一双拖鞋、一件 T 恤衫和一张张可以走进老板办公室拍桌子理论的脸。

这么评价一座城市是危险的。同城异梦的人当然有，南山路上屡屡飞驰而过的豪车与钱江新城密集生长的豪宅一样，都是让一无所有的年轻人"辣眼睛"的画面。可是你知道吗，"折叠"里最让人沮丧的一点，是连教育和努力都已经不能作为阶级流动的筹码。寒门难出贵子，草根没法翻身，出身决定命运。但这座城市略有些不同。也许因为阿里巴巴，这里更尊敬白手起家的人；也许这里屡出"双创"时代的佳话，更多人相信世界是平的；也许因为互联网的朝生夕死，第三空间与第一空间的人群处于不断流动的状态。换言之，"折叠"在这里变成了一个伪命题。

一个有趣的插曲是,持重低调的首富王健林分享了把一个亿当作小目标的人生经验,更直白点说,这经验已经无法与刷这条朋友圈的网络青年们共享了,再直白点说,这是一个现实版的《北京折叠》的故事。然后马云说,月薪三四万元最幸福了,有个小房子、有个车、有个好家庭,没有比这个更幸福的了。戏剧化的一幕就在这里。两位都是活明白了的人,前者似乎把折痕又加深了点,而后者在折叠的世界里探出头来,说其实我羡慕你们第二空间的人啊,你们以为第一空间好,其实不是的。

这肯定不是杭州连续九年登上中国最具幸福感城市榜单的理由,但如果这个城市你最难以企及的人打破神秘感,告诉你高处不胜寒的话,你的幸福感绝对是会提升的。

对,要说"折叠"的反义词,正是"幸福感"。

杭州的幸福感有迹可循。它一开始就是被自然宠溺的,不必大动干戈,就有了一张令人过目不忘的脸。后天也锦上添花地勤快,分不到最偏心的宠爱,那就自我生长,把小家碧玉范儿打造到极致。去西湖边"荡荡儿"大概是杭州人这辈子最娴熟的一门功课,心头那块痒痒肉,经不起一点风吹草动的撩拨。我印象最深的一件往事是,车开过杨公堤上坡下坡的那一段,满车厢的人会同时呼喊,仿佛回到一起坐过山车的童年,世界从来没那么单纯过。从这个角度看,杭州真是座柔软的城市。

柔软的好处在于,总会有人想念它。多少青年才俊跑出城了,跑出国了，还在想念奎元馆的一碗片儿川，知味观的一盅猫耳朵和楼外楼香气扑鼻的叫花童子鸡。梦里也知身是客，能翻来覆去惦记的，不只是"水光潋滟""山外青山"那部分。在杭州伢儿从小到大的作文里，它出现的次数，多于任何一个主题。年轻时总拼命想去外面闯荡，后来人到中年跑了一大圈回来说，还是喜欢这里啊，像风走了八百里，不问归期。

这座城市有一个舍弃不掉的"梦想"情结，因为幸福感最大的来源正是"实现内心所期"。"梦想总是要有的，万一实现了呢？"这句流传甚广的励志名言出自杭州阿里巴巴。7000多名创业者涌入杭州的"梦想小镇"去实现自我。几年前，我在杭州打车曾路遇过"梦想车队"，坐上车后惊呆了，里面放着一束开得盛大的粉色百合，摆着丰盛的零食水果盘，可爱的抱枕放在座位上，针线包、雨伞、创可贴一应俱全，一本厚厚的顾客留言册写满了感谢。司机师傅不善言辞，掩面说："我只想做点有意义的事。"

后来在他乡遇到的车主，在声色犬马的盛景里却显露出横冲直撞的蛮横，再回想这个场景，心一下子觉得好软。

丛林法则里信奉优胜劣汰、弱肉强食，但从幸福感的维度来说，讲的绝不是强大，更不是"折叠"，它讲的是包容，讲的是气度，讲的是从容，讲的是归属感，讲的是"竹里坐消无事福，花间补读未完书"，讲的是"已识乾坤大，犹怜草木青"。

吴晓波曾写过，如果可以穿越，他希望回到宋朝。与汉唐明清比，宋朝是一个不强大但有幸福感的朝代。宋代的皇帝尊重知识分子，对商人宽松，文明程度达到前所未有的高度。中国的四大发明中，除了造纸术，其他全部出现于宋代。马可·波罗的那本游记，可是让欧洲人羡慕了几百年。

听起来杭州确实神似宋朝，但又没有宋朝的那点颓气。为了"西湖歌舞几时休"这句不怀好意的话，它已经打了一个利落的翻身仗。往近里说，在杭州的城西，打绿色金融牌的碳账户和各种人工智能创意已经在不断地上演奇迹。

但杭州的崛起并不是折叠的一道咒符。它所有破解的方式都告诉我，真正可以对抗"折叠"的，是不要拿走人们心里的两样东西，一个是幸福感，一个是梦想。

人生选择题
之六

当你陷入职场、官场、竞技场、生意场、社交场，

是马不停蹄猎取下一个改变世界的机会，

还是收起小桌板，乖乖抵达内心秩序的幸福里？

都市猎人传

　　乔布斯曾说,他愿意用一生的成就和财富,换取和苏格拉底共处一下午的时光。周润发裸捐毕生所得 56 亿元,而自己则流连于菜市场和充满烟火气的巷子。Facebook 的创始人扎克伯格不论在什么场合,几乎都是穿同一件深色 T 恤,在女儿出生时他宣布捐出 99％ 的股份。而宋朝的苏轼尝遍人间五味,历经大开大合的人生,终悟出"人间有味是清欢"。

　　人是很奇怪的动物,如果不是常常看这些故事,把自己从惯常的生活中打捞出来,我也差点忘记自己已误闯"猎场"许久,沉浸在"猎人"的角色里醒不过来。

1 猎人当道

　　"猎场"是一个风声鹤唳的词,但形容此时的"人间"却正好。看看四周,都市里的人们扛起了猎枪,猎财富,猎机遇,猎名声,猎流量,猎粉丝,猎爱人,用尽半生心力换取"猎物",成为名副其实的"猎人"。在这里，成功学是最厉害的传染病，工作塞满了时间的缝隙，切断了生活的正常轨道。而如今的所谓"生活"，是一系列诸如喜茶、Lady M 这些未见其物就先闻其声的美好概念的集合。它们像是古代出巡的神秘皇族，所到之处，总有外三层里三层的人们去一探究竟，"猎取体面"。用当下时髦的语言来说，这是一种"共识机制"，满大街乱窜的聪明"猎人"对此确信不移。

"猎场"也分等级，比如一线"猎场"北京，其幻梦发生和破碎的频次，其"猎人"和"猎物"的分布密度，远远高于三四线"猎场"。"猎场"里盛产指南，如何月薪××万，如何正确"撩妹"，如何获得走上巅峰的算法，如何抓住互联网的下半场……永远不要担心有一只落难小红帽，却没有三秒就能到达现场的"猎人"。

"猎人"们在这个世界里眼观六路，耳听八方，猎取下一个可以改变世界的机会，以便把自己归放位置，赋予意义。毕竟人人都知道，这是最容易写进史书的一个时代，脑子里但凡有点小火花，就有机会被历史翻牌。39 岁就在纽交所敲钟的王小川说，在互联网时代，只有精英阶层来创造历史的阶段已经过去了。所以你看，历史不再专属于王侯将相，很可能属于普罗大众。

"猎人"们也需要不断学习，迭代猎技，期待像歌词里"转角遇到爱"那样迅猛地遇到人生的机会。毕竟在翻篇比直觉更快的时代，一天不盖棺，一天就无定论。律师出身的朋友最近兴奋地告诉我，自己已经变成了严肃的区块链从业者。踏上了创业公司的快速列车，自己就如迅速变形的沙画，上一个角色还没定型多久，时代的脸色一变，就得立马变成下一个。

　　心里是战火纷飞还是和平解放，全看篮子里的"猎物"，毕竟这是证明"活得好"最简单粗暴的证据。在"猎物"最容易昭告天下的时代，朋友圈就是拨动心弦震荡的那只手。若是哪位"猎人"张贴出诸如"明月照积雪""黄河落日圆"的闲情逸致，旁人怕都要以"矫情"怼之。你看，在信奉成功学的"猎场"里，文学、文艺、文化烟火气这类东西都没有"猎物"好看，或许还要被说成阻碍。我想起曾经我在猎人荷尔蒙浓厚的金融圈写作，朋友路过都会说一句，你竟然还有空写作？好像看到"猎人"在放生一样惊奇。

❷　胜负难料

　　"猎人"确实最符合此时的都市人类的定位，成功的"猎人"会活成一面旗帜，受万人仰望。而如雨后春笋般冒出的各类榜单——什么"30 under 30""中国最富有的 80 后"，又或是"独角兽与准独角兽榜"，仿佛是当代版的"射雕英雄"，处处在提醒你们凡人呐，活得到底是有多凑合。但作为凡人，我还是斗胆想追问一句，这些世俗的喧闹真的是一剂万能的解愁灵药？

　　好像并不是。孤独、空虚、焦虑是贴在人们身上最显而易见的标签，得到之后"不过如此"，而得不到的焦虑却永无止境。但拥有最多的东西怕是也写不进传奇被人们敬佩，因为传奇往往是反人性的，一定是留下了什么，而不是获取了多少。这并不是因为我要帮凡人们寻找避难所，我只是屡屡看到走得很远，幸福感却没有增加多少的例子；看到有无数人进"猎场"，但也有人金盆洗手的桥段；看到作为"猎人"，也会陷入"反被猎物猎"的窘境。

大概你也有这样的经历，找工作的时候，买房的时候，猎头和中介的电话是久旱逢甘露，一旦过了那个时间段，他们绵绵不绝的电话就成了累赘，你与之对话的姿态或许都能挺拔几分。可当你们是那些"猎取工作""猎取房子"的"猎人"时，你俯首称臣，牢牢被对方牵制。你想获取这件东西的时候，你以为自己是"猎人"，其实变成了"猎物"。

就如在这个时代抛下财富的诱饵，人作为高等动物上钩的概率恐怕要远远超过作为脊椎动物的鱼，一件侥幸的事情变成必然，我隐隐觉得难过。当人越想要一样东西，越百分之百把它们当成信仰，就越会死死地成为"猎物"，而人的欲望又永无止境，从而陷入无法自拔的境地。你见过追求欲望而不被伤害的人吗？我还真的没有见过。

有人爱而不得，猎取爱人不成；有人创业失败，猎取名利不成；有人过分保守，猎取机遇不成；有人迷恋世俗，猎取理想不成。这些都会带来痛苦。但我一直相信，除了诸如病痛和亲人离去的痛苦是真实的，多数的痛苦都是由自己的价值观带来的，而这些价值观又有多少真的来源于自己？人一旦变成"猎人"，就同时也变成了"猎物"，猎取的越多，被猎取的也越多。一辈子不是被别人猎，就是被自己猎。

就如人们纷纷刷屏一位小学生的作文,他写道:"如果将我出生的那一刻定义为拥有全部时间的话,时光确实从我手中流逝了;但如果将我死去的那一刻定义为我拥有了全部时间的话,那么,我一直都未曾失去过时间,而一直在获取时间。"你瞧,换一个角度,时间就会从所失之物变成所持之物。同样的逻辑,"猎人"们拼命想要的到底是所持之物还是所失之物?当人们无止境地想去猎取,持有的越多,换个角度,就是失去的越多。

一个成功的"猎人"一定能活得体面,但并不意味着能活得明白,活得幸福。大部分人都活在了想要体面的层次里,但要明白地活、幸福地活却要靠个人修行,不是人人都有这样的福祉。

3 幸福有道

再来看开头的那几个故事。它们像是耳边的警语,不只是告诉我人间亦有银河,而是一把把我从深陷的都市"猎场"里拉出来,去思考明白地活、幸福地活,到底是什么。

乔布斯曾说,他愿意用一生的成就和财富,换取和苏格拉底共处一下午的时光。哲学能厘清人活在世间的意义,但却并不是如今"猎人"社会的通用宝典,因为它"无用"。但周国平的《闲适》里有一句很好:"世上有味之事,包括诗、酒、哲学、爱情,往往无用。吟无用之诗,醉无用之酒,读无用之书,钟无用之情,终于成一无所用之人,却因此活得有滋有味。"

　　周润发裸捐毕生所得 56 亿港元，而自己则流连于菜市场和充满烟火气的巷子，在秀水街淘便宜的衣服，用的是老款的诺基亚手机。因为他说："我们其实并不需要太多信息，而是应该学会倾听内心的声音。很多人为什么一辈子都过得不快乐呢，就是没找到自己喜欢做的事情。"所以我看到他，会觉得什么财富啊，地位啊，都没有他本人来得生动，那 56 亿元权当是给他恣意洒脱的人生助助兴罢了。

　　扎克伯格不论在什么场合，都是身穿一件深色 T 恤，打开衣橱都是一模一样的衣服，因为他说："如果我将任何精力花费在决定穿什么上，我就不是在做自己的工作。"找到人生中最想做的、最重要的事，而取消对其他事情的关注，节省精力，节约感情，是必要的智慧。生活提供了如此多的可能，但除了健康与自由，哪有非保留不可的东西呢？这点我们无法不感激当代社会，帮我们撕开了那要命的绑带。

　　而苏轼写下"人间有味是清欢"，正值他贬谪黄州四年后再迁移汝州之时，此时他已历经人生的潮起潮落、大喜大悲，才能深切体悟，那些能冲破时间的东西，是人间最质朴的传承，越是生命的本质，就越是人间最好的享受。不是有句话说，埋头赶路时也要看看风景吗，小时候不理解，但后来发现人就是那种，携带珍宝而不自知，偏偏要往外寻觅的动物。

　　我虽然笃信这些，但不准备把它们张贴在"猎人"们的床头作为人生信条。请相信我，对着精进勇猛之人说"清欢"，就如一个去了洞外的人告诉洞里的人他看见了不一样的世界一样，不会被相信，洞里的人甘愿带上枷锁，拥抱束缚。而一个被"猎物"蛊惑的"猎人"，满脑子就想着要活得体面的"猎人"，脸上都带着斩钉截铁的胜负感，又如何能体会其中真意？

　　但我还是要写这些文字，告诉你人间的大幸福，从来不会藏在他们所说的"猎物"里，那种"共识机制"里，但一定藏在你的内心，你心底的人生排序，你生命最自然、最舒服的状态里，你忽略已久的人间最质朴的烟火气里。这绝不是一种登顶不成就要从平凡中寻求意义的"佛系"，而是一股磅礴的底气稳稳支撑着你，不再背叛自己的内心。好不容易来人间一趟，总得让真实的自己见见光吧。

　　选择不生小孩的女科学家颜宁说："像我这么喜欢小孩子的人，如果有了小孩势必影响我的生活自由和事业自由。我终归是爱我自己多一点。"多么笃定，身为女性，成为自己，相信自己，气场全开，活成铜墙铁壁，我特别喜欢。我希望我们都能成为那样的人，而绝不是小说故事里屡屡提及的那些铿锵将帅，在纷乱年代得到大好江山，经历金戈铁马后，才知道人生最要紧的东西，最重要的东西，一样都没留住。

　　但幸好，我们活在一个可以善终的年代，全看个人选择。美国作家约翰·B.伊佐写人生有一句很精准——找到自己，忘却自己。他发现幸福之人都有一个共同点，就是首先发现了自己，再专注于要给世界留下什么。说到底，世界不过是我们从上一代手里借过来，替下一代暂时保管的，所以真正的幸福和意义感都来自对未来深深的责任感，只有如此，在这条宏大的生命链中，我们才会找到渺小个体既连接了过去，又连接了未来的重大意义。

日食不过三餐，夜眠仅需六尺，但都市里的"猎人"，要家财万贯、广厦千间。"猎场"里的"指南"们仍 24 小时煽动"猎人"们取之不竭的欲望，直到他们周身都结了老茧，触不到真实的心跳。偶尔看到一些"不合格"的"猎人"，在休憩，在"放生"，或狠狠砸掉了"猎枪"，抑或全数捐掉了"猎物"，我决定统统收好诧异的面容，他们极有可能是"活明白"了，奔着自己的"大幸福"去了呢。

娱乐恩仇录

有史以来最强烈的感受：自己好像卷入了一部娱乐大片的拍摄。堪称主角的明星们永远是一副云淡风轻的样子，而只有各路群众，才是这出剧最有辨识度的演技担当。

普通妇女是声势浩大的一族，现代称作"迷妹"。就是这些追一部剧换一个"老公"的粉丝，奠定了这部娱乐大片经久不衰的关注度。作为无聊婚姻里最鲜活的调剂，姑娘们无处释放的多巴胺，终于稳稳找到了着陆点。比起微信朋友圈里不是在旅行就是在喝下午茶的摆拍女子，做一回午夜 12 点前的灰姑娘，对她们有着更致命的吸引力。即便男主角没办法手拿水晶鞋"众里寻她千百度"，和她们细细交换故事，她们依然对他的私生活图谱了如指掌，比如他为什么和第八任女友分手，比如他的小酒窝，又是从哪一年开始绽放。

偶像的家常，成了她们的盛宴。

粉丝们也按资排辈分三六九等。看剧扒情史的粉丝，都喜欢这个时代伟大的发明——弹幕。所以打开杨洋上亿次播放的直播视频，我就如乱入的刘姥姥，一脸懵懂地看着满屏的"帅"字如脱缰的野马般蜂拥而入。而高级粉丝，却是在全世界范围内进行物理追踪的。粉丝们通常手举海报和荧光棒堵截在各色发布会、演唱会、拍摄地和机场，逼得主角愤怒指责、惊慌失措的不在少数。据说有一位 80 多岁高龄的老爷爷，在知道了某偶像的行踪后，只身骑自行车前来与心中女神合影留念，还兴奋地索要亲笔签名。所以，千万别小看粉丝这个奇特的物种，他们的追星功力是跨越年龄、地域和性别的限制的。

在这波精神的高潮里，粉丝们除了自得其乐，还抱团取暖，为自己的审美加持。既然现实世界里的相亲对象让人如此提不起劲，既然塞林格说"长大是人必经的溃烂"，他们就在追星的路途里把自己蜕变成了孩子，泪腺发达，笑点超低。而男主角十全十美、金光闪闪的外表下没有暗流汹涌，爱情只有浪漫这一种。粉丝们觉得他是超人，其实他不过是个凡人。

所以有个笑话是说，如果美国大选的模式降临中国，我们选的会是杨洋、吴亦凡、李易峰。最恐怖的是，如果选了宋仲基，那还不是中国人。

当然情到深处也有一"撕"。据说有一位当红女星的迷弟下了战书以死要挟，认为偶像从未答应或否认，让他一直心存希望，要对方为自己的青春恋情买单。他一定以为自己绵长的爱恋，是开天辟地头一回，不是草草几帧剪辑可以描述，必须拿一种足够轰烈的方式结束。听起来像是惊悚片的故事，却是真实世界最鲜活的案例。而路转粉、粉转黑、黑转路这些光怪陆离的现象，是再平常不过的粉丝界流动定律。

　　戏份同样可观的,是所谓的"新闻易感人群",通俗点说叫"吃瓜群众"。这里不得不提到一种职业——狗仔,其最大爱好是往江湖里释放些小道消息,在波澜不惊的时候搅一搅局。于是,乌鸦开始哑声,山雨欲来风满楼,这批群众演员就登场了。

　　"吃瓜群众"是这个时代除粉丝之外最劳苦功高的族群。他们毫无酬劳地入戏,拿出当年高考都没使出的推理能力。谁点赞了谁的微博,谁和谁互动频繁,谁又和谁疑似同背景拍照,这些都逃不过他们的法眼。就这么靠辗转听说,按图索骥,猜想定义,把故事的起承转合脑补得枝繁叶茂,最后振振有词地表明立场,推动剧本的走向。

　　明星宣布恋情时他们撒糖,宣布分手公告时他们奔丧,摊上出轨、整容、吸毒、潜规则的烂事时,他们又化身为正义使者、医美权威、私家侦探、考古学家和思想品德课老师。甚至花两小时去翻手机相册里收藏的跟拍照片,紧锣密鼓地交代"某网友爆料"。

　　"吃瓜群众"和粉丝一样,入戏程度可分等级。"贵圈真乱",是以婉转的已阅姿态占了道德制高点的便宜。"同意的赞我",是以抱团代替个人的单打独斗。他们靠舌灿莲花,寻求一点喧嚣社会的存在感。最无法自拔的属于"报站制"。某明星公开恋情,微博"观光客"的路线通常是这样的:先去男女主人公微博下站台,再去前任们的微博下哭惨,再去绯闻对象的微博下评头论足,最后冲到当红狗仔的微博下,质问他还有多少料。然后一天就这么过去了。

　　从来没有那么一个时代,仅一个娱乐事件就会成为全民话题,热度堪比美国大选、中国"入世"和英国"脱欧"这类大事件。无论是扫地的大妈，CBD 的白领还是久未蒙面的朋友，都把朋友圈刚刷出的娱乐圈消息作为茶余饭后最有嚼劲的谈资。"吃瓜群众"把当事人所有的委屈、痛苦、不甘和绝望尝了个遍，辗转反侧，长夜泪流，咬牙控诉，劝善戒恶，似乎在各自无法解决的生活外，在另一个人身上找到了同仇敌忾的理由。

　　未必不是出自于真心，但肆意把情绪抛出去，假装永远洞察世事，却最容易遭人反感。且不说现实是泥沙俱下，不可辨析，最大的问题是，他们都高喊着要人权，可在干涉人权这方面，他们却成了行家。

　　自媒体人当然是不能错过机会的一拨人。写同样的人生道理平日问津寥寥，在一个生动的明星案例面前却重新散发出光辉。于是，他们习惯了，抓婚讯八卦和金融分析师抓政策消息一样眼疾手快，妙笔夜行，逐步收复阅读市场。新榜说有 108 篇 10 万次以上点击量的自媒体文章热议最近出轨的某明星事件，他们既为受害者分析利弊，也帮普通群众诊脉家事，既不能被腐朽的三观牵制，也必须挡住凶猛的骂街对象。他们拼命想在这片汪洋红海里探出脑袋，能抓住的救命稻草，就是娱乐圈话题这个流量担当。

　　段子手是另一批集体复活的人。据说段子手大部分是江湖游侠，有自己的主业，写段子是爱好。也有一些背靠组织的，口碑被背书，收费明码标价。如果说明星是可望而不可即的男一号，自媒体人是靠才华不靠颜值的女二号，段子手就是那种"接地气"的小角色，最擅长打破节操，揭穿人生真相，讨厌虚伪鸡汤，终极目的是逗观众笑。但无论如何，这些段子手，是这部大片看起来最轻松的部分，观众愿意买单。虽出不了金马奖影帝，但人气奖非他们莫属。

最大的黑马，出自那些戏份不多但辨识度提升飞速的连带"家属"。比如明星同父异母的妹妹，还未长大却星途光明的儿女，剪不断却理还乱的前任们，甚至，还有明星养的宠物猫和某宝上的同款穿搭。

而最大的渔翁，是微博、视频和直播平台，以及一切甘愿附庸娱乐的产业。我想从石器时代到数字时代最大的变化，是不只人们可以胸有成竹地面对自然，还可以把这一切当代世界井井有条的设计和发明随意用来窥探隐私、指点江山、展示自我、直抒胸臆，也毫无保留地被用来"扒皮""人肉"。

最后来谈谈主角。娱乐明星原本也是普通人，是时代的垂青，让他们镀上金身，从旧日里不受待见的"戏子"到如今万人簇拥的"大神"。也是粉丝们吹起的泡沫，让他们始终躺在云端。但其实除了一夜爆红的少数偶像，大多数偶像的人气也需要数年的时间来经营。即便是一夜爆红的，起点抬得如此之高，以后的每一步，都得小心翼翼。他们的受关注度，和人生一样，都讲究持续发酵。

而就是这些娱乐明星，成了你喜忧生活的源头。面对这些短兵相接又握手言和，谈完"恋爱"又跑去骂街，夹杂表演欲、占有欲和控制欲的群众，我始终说不出喜欢。我反而极其羡慕理想主义之花盛开的20世纪80年代，据说那个年代的人读尼采和黑格尔，能买到的书太少，最渴求的是知识。我也怀念十几年前，即便《还珠格格》红遍大江南北，少女们顶多买些明星照片和海报学穿搭，街头巷尾谈论的是剧情和角色，而不是对着偶像数不过来的黑史长吁短叹，随时随地持枪上阵。

真正笃定的存在感，不是自己曾参与过哪些偶像的人生。人间最朴素的智慧从来都没有变，做一个捆绑在别人世界里用力过猛的"吃瓜群众"，远不如拥抱和自己并驾齐驱的朴实生活来得充实。而从金融学的角度，所有人争先恐后膜拜的，多半是你应当远离的泡沫。

而那些你念念不忘的娱乐明星们，真的无须替他们担心呢。我有一个不成熟的观点，但凡从名利场摸爬滚打过来的人，受的伤害比你大得多，那么和这个世界相处的手段，也多半比你高明得多。

就一笑泯恩仇吧。

茶水间秘史

写字楼里的茶水间,仿佛西服里的内袋,几乎是标配的东西,但很少有人知道里面装了什么。

1

茶水间和公司炫目的前台、大气的办公室、忙碌的格子间都不一样。茶水间是你的日常,而办公室则像是你的微信朋友圈,看起来更高尚,也更太平,澎湃着体面的集体朝气,也滋生廉价的点赞和哗众取宠。那是我日渐不愿去参与的东西。我喜欢真实,譬如茶水间。

如果要体验职场里的戏剧感,茶水间是好地方。你见到了神色哀怨的老板,静静对峙着内心的波澜;眼睛哭红的实习生,那张仿佛被熨过的光滑的脸终于有了褶皱;卸掉情绪包袱的同事,对着电话里孩子的牙牙学语不断拉伸嘴唇的弧线;领导面前最舌灿莲花的员工,小心翼翼接着猎头的电话。抽泣几声,喘口气,揉成一团的情绪开始挥发,或肆无忌惮地拿出手机滑屏,执迷不悟地开小差,让灵魂在空中飞一会。在这些短暂的"穿帮"之后，他们又迅速让身心归位，踏进隔壁的"职场"，如海浪过去之后的沙滩，一切立刻被拨乱反正。

听起来茶水间好像是一个垃圾桶，藏污纳垢，堆满了剥掉体面之外的那点人之常情。茶水间也是一道墙，把川流不息的生意隔离开来。墙外是职场、官场、竞技场、生意场、社交场，归根到底所有的"场子"最后都是"剧场"，充斥着演技精湛的角色。而墙内，它允许你偶尔把训练有素的章法暂时搁置，把七零八落的自己拿出来好好捧着。人到一定阶段总能分得清"场合"，比如哪里用来"画皮"，哪里用来"卸妆"，什么时候把笑容粘到嘴角，什么时候把委屈撕下来藏好。茶水间好像是办公室的"特区"，维持着某种神秘的界限，也是人们心里的"特区"，能把"规矩"置之度外。

而我觉得有时候人之所以可爱，并不在于他们面面俱到的精致，那是只被一种品格涂抹的平面人。茶水间却能看到那种有脉络、有层次、有坏毛病也有小私心的立体人，让你明白那些没脾气的人并不是生来就没脾气，不近人情也并非无迹可寻。

职场上要理解一个人，人们习惯于谈论他的业绩、级别、是否被老板喜欢、与同事的关系。而在茶水间，这种理解延伸到了情史、八卦、孩子是否争气、老婆是否漂亮、老公是否体贴、手握几套房产。这是职场上讳莫如深的话题，以显示"文明人"的修养。而茶水间里的人们是放松的，没有标签，没有规范动作，没有汇报关系，可以"越界"。大家在这里过起了平常的日子，"剧场"里光芒万丈的角儿和跑跑龙套的小人物，他们最终都穿梭于茶水间，倒水、煮咖啡、吃水果、谈八卦、剧透《人民的名义》。

这好像我们八小时都深陷险象环生的沙漠，相逢在这处绿洲，彼此打了个照面。少了要常常吞下肚子的那半句话，多了不设心防的倾诉欲，就容易把职场中的升迁和生活里的瓶颈破解掉，把迷路的路走通。

从这个角度看，茶水间是温存的、和煦的，如运动后分泌的多巴胺，去供养一墙之外的疲惫和冷冰冰。摩天大楼和芸芸众生，茶水间位于中间。往上毗连"场子"，塞满了人际关系的余音；往下又衔接了烟火气，摆好了锅碗瓢盆杯盏茶几，它是最接近"家"的地方。

3

可即便是茶水间，也容易让人想到最近甚嚣尘上的"阶级分层"。入职不久的女孩经常在茶水间搜罗杯子，端茶倒水，这种"茶水间女孩"和"便利贴女孩"一样，是职场游戏规则中最底层的服从者。而制定游戏规则的人，一定不是这里的常客，他们总是在机场、高档酒会和名利场里无缝切换。我不知道他们是不是也是从茶水间小兵开始自己的职业旅程，只不过他们对着曾站在校园舞台中心的人物依旧会吩咐道，从最粗鄙的活干起吧。像是"规矩"，也像是"政治正确"，像旧时的婆婆对待刚入门的媳妇，有一句你我都会背的潜台词："女人不都是这么过来的吗？"

是不是都这么过来的我不知道，只是人们都相信了，也毫不反抗地履行了。"茶水间女孩"理应是牢骚满腹的，不过到后来她们才会明白，一开始的这点落差，不过是人生山峰里微不足道的拦路石。

扎根于茶水间的并不只有"茶水间女孩"，还有"茶水间祥林嫂"。她们趁中午休息的时间大聊教育军备竞赛和夜半抢学区房的经历，漏洞百出的婚姻和摇摇欲坠的中产，把出轨的明星家常作为下饭菜，连同"吃瓜群众"的愤恨一起下咽。这像极了上海某一档中年阿姨主持的民生节目现场版，天天定制无广告插播的人间百态。

还有"骆驼祥子"。"祥子们"是职场上的老兵，原来也有梦想，准备轰轰烈烈做番事业，却被无休止的加班和遥遥无期的升职掏空。他们终日摆弄着没有价值感的工作，却在满城风雨的"清理潮"面前惶惶度日。唯独在茶水间冲泡胶囊咖啡的那一刻，忘记了那些越来越清晰的结论：比如职场里缺的是"英雄"，并不缺"愿意牺牲"的人；而自己在大公司工作一辈子，也不过是只蝼蚁。

当然还有一波是"职场李达康"，他们常常在茶水间解决午餐，像躲避了一场每天定时定点的午间"赶集"活动，而后又马不停蹄奔向下一个能兑现 KPI（关键绩效指标）的战场。生活对于他们来讲是工作的小插曲，工作面前他们永远处于青春期。

　　有一些人,生下来就是要让全世界在他面前低头的;而有一些人,
一路走来都是要在世界面前低头的。从学校到职场,从办公区到茶水
间,谁是核心人物,谁是边缘人物,谁青云直上,谁止步不前,斑驳陆离
的职场人类景观在茶水间赫然在目,也让最终到来的分层演进得合情
合理。

4

　　充斥着汹涌八卦暗流的茶水间,其实自己也逃不过时代的"浅滩
暗礁"。

　　想想金融危机前的茶水间,橱窗里堆满了进口糕点和水果,咖啡畅
饮,零食不限量取用。而当一个时代彻底翻篇了,茶水间也如同家道中
落的官家小姐,生活拮据,摘下首饰换上粗布。零食没了,咖啡机没了,
擦手的纸巾从来都接不上,原本展销食品的地方也腾出来让员工们养
花养草。茶水间每一年的变化都暗藏着典故,似乎证明了人类完成的
一个又一个阶段性的文明进程。历史的进程一点一点施展着它的破坏
之力,让茶水间不断改头换面。

　　茶水间在一间公司里,显得那么不重要又那么重要。它可以被安
置在风水大师口中整栋楼最不祥的位置,为了"不挡财路",可以把办公
区改装成茶水间。而在某家公司鼎盛的时候,它也是一个可以撑门面
的地方。评价一个公司,要看它的茶水间,看它的食堂。就如谷歌的食

堂声名远播一样，装满小资物品和畅饮零食的茶水间，同样会成为让人津津乐道的话题，成为招聘人员口中的筹码。茶水间啊，与恢宏大气的门厅，饕餮不断的食堂和扶摇直上的股价一起，在资本舞台上对着局外人的掌声齐齐鞠躬谢幕，只留下局内人唏嘘不已。

5

局内人都是爱茶水间的吧。有时候碰到再难的事，往茶水间那么一站，难题就仿佛被抛上天空，要隔一会儿才会掉下来。这时候看着巨型落地玻璃外的人流、霓虹、雾霾、小雨、尘埃，任凭记忆奔走相告，把自己的人生一一过目，过得如一场旧梦。从青衫到华服，从生猛到中庸，从日月可鉴的书生到千疮百孔的"按揭侠"，人对现实的抗拒如此脆弱，稍不留神便起身跳入它的洪流。这些生命里的必然和玄妙有时就像种种点拨，顺便接住了即将掉落的困扰。

但人们很少提到这些在茶水间的时光，这仿佛是偷来的、隐秘的愉悦和通透。人们总爱说恢宏的写字楼、鼎沸的交易台、忙碌的格子间，因为那里能长出青年才俊，能长出铿锵玫瑰，能长出福布斯榜单上的名字。像茶水间、电梯间、洗手间这些地方，是写字楼的边边角角、细枝末节，不值得歌颂。

可只有自己知道，那冰山下的美丽，实在不足为外人道。

深夜食堂

我曾想过，如果在大都市的 CBD 都有一家"解忧杂货店"，是一件多美妙的事。

下班拖着疲惫的身躯路过解忧杂货店，在投信口丢进一份烦恼，第二天早晨踩着高跟鞋路过杂货店时，就可以从牛奶箱拿出一份店主温热的回复。我发现东野圭吾的浪漫故事极适合从僻静街道搬到这里，因为 CBD 是一个最不缺心事的地方，爱恨也不比市井少，焦虑就像是雾霾，都是人间污垢，常年横亘在楼宇间。这时，只有那些可以放肆把心肝肺都掏出来晾晾的地方，才显得温情且有魔力。

后来想想，在这个急功近利的时代，这些都是知识付费平台和情感博主博粉丝、博流量的大好生意，怎么会允许如此古老而浪漫又不"经济"的方式存在呢？

再想想，其实这种解忧杂货店已被都市人转移成其他的形式，比如公司组织的午间瑜伽冥想课，比如陆家嘴的午间基督教教徒朗诵圣经和唱歌聚会，又比如 CBD 里比比皆是的"深夜食堂"。

1

中国式的"深夜食堂"绝不局限于街边油腻腻的排档和分不清肉质的烧烤摊，在高楼万丈的 CBD，它化身为夜店、KTV、酒吧、居酒屋和江边的美式餐厅。它们都是"深夜食堂"，深夜才开始热闹，有食物相陪，也有心事下酒。这些地方，有的歌舞升平，总是回响着振聋发聩的"死了都要爱"；有的推杯换盏，在固定时段亮起璀璨的"Happy Hour"招牌；有的四壁漆黑，只有甜酒上堆砌的橙子泛着诱人的白光；有的地方，比如酒吧，不过是毫无历史感的西方舶来品，却把别人的国民性娱乐活动变成了中国都市人的解忧场。

时至今日，这些"深夜食堂"对于我们的意义，或许不是一个多了不起的地理空间，但越来越像割舍不掉的情感空间。

夜色包裹，人的感情便如刚出锅的炸鸡，一掰就咔嚓咔嚓地往地上掉碎末，再加上众人拾柴，很容易就把白天积压的悲欢，在深夜唱出了声响。

既得利益者谈的是风月，失败者谈的是人生剧本，创业者谈的是痛苦，混日子的人谈的是小报八卦。男人谈的是女人，女人谈的又是男人。而所有这些，都不适合在员工、领导、投资者和父母孩子面前倾诉，否则如何建立一个力争上游和 360 度正能量的伟岸形象？白天，人们把自己塞进方方正正的模具，正好够坐进方方正正的格子间。但总有逃出日常的那些时光，模具里规整的形态终于可以砰的一声撑开，显露原形。人们终于可以把"积极人设"和虚与委蛇抛弃，提醒自己其实早就对世界产生了不适应。

有人在网上问过一个问题，为什么很多男人下班后喜欢在车里抽根烟再回家？有个回答说，因为下车后回到家，他是丈夫和父亲，而在车里，他是自己。在这些"深夜食堂"，他们终于可以以一句带着明晃晃的丧气的"你知道吗"，开始还原自己的本色。

有些人内心柔软，选择生活道路时却异常勇猛；有些人看起来锱铢必较，选择生活道路时却唯唯诺诺。有爱情的时候，未必有钱；但有钱的时候，未必能买到一份和美的家庭关系。种种性格和命运的矛盾，导致了"深夜食堂"需要养育一大批精神世界里尚未成年的"孩子"。有一篇文章说，靠物质获得满足的时代已经过去了。而精神呢，怕是还在囧途。

而另一层原因，大都市能成为大都市，除去本地土著的那部分，更多的构成部分是举目无亲的外地人。他们没有家的烟火，但人生还正值青春年华，他们需要打仗、防守，同时去经历时代巨大的变迁，包括房价高企、婚恋压力、终身学习的焦虑和社会阶层的固化。这异常残酷，所以在扎实的生计奔波之外，他们还有社交需求、精神需求，或者说麻痹精神的需求。

所有这些都市人擅长的伪装，表里不一，内心孤独，疲惫不堪，价值观矛盾，精神世界缺乏主心骨，加上人间有太多怎么也想不通的事，怕都是"深夜食堂"经久不衰的理由。即便要加班，人们仍然乐于到点了先去"喝一杯"；即便第二天要赶早班飞机，仍然喜欢在酒桌上谈完生意后说一句"下一场"。

"深夜食堂"无非有两个功效。

一是解决烦恼。如果要分析成分，"深夜食堂"的空气里大概弥漫着藏红花和三七的味道，负责活血化瘀通经络。一两杯浊酒下肚，一腔心事就涌出了。连1992年生人都开始经历中年危机，人们急需夜晚的时间加持，来推进白天改变人生的理想，解决此时此刻的瓶颈，击破可能存在的浅滩暗礁。有时问题真没那么容易马上解决，"深夜食堂"会带来温柔的弥合，人们靠赖在那里来抓住一些慰藉，来保持与理想之间不断片。

二是忘记烦恼。一盘小龙虾，一个鸳鸯火锅，几瓶雪花啤酒，未必真有什么心事，就是制造乐趣。这个世界大多数的人，都不认为自己能改变世界，所以不如接受现状，安然过好自己的小日子，盯着噗噗噗冒着热气的锅中之物及时行乐来得重要。就算敌不过诗和远方，深夜食堂也算是一趟价廉物美的近郊游。

而这两大功效同时兼具社交属性。"深夜食堂"是一处神秘的感情孵化器，像是嗅到了对方身上同款的伤心，看到了同质的灵魂，让知己之间的感情更好，让半熟的同事下次照面时有一个会心而笑的理由，或者让生命里又多闯进几个崭新的面孔。即便是纯粹找乐子，也能在摸完油腻的嘴巴后发一个"减肥之事白天再议"的朋友圈,来一个"统一回答"的晚间互动节目。

3

作为一个不能熬夜、不吃夜宵也无不良嗜好的"写作宅",我光顾"深夜食堂"的次数屈指可数。但有趣的是,在脑子里有深刻烙印的记忆中,"深夜食堂"的每一次出镜却都历历在目。

21岁,"深夜食堂"是大学门外的烧烤店。凌晨四点,北大西门外的鸡翅店人头攒动。每上一盘鸡翅,大家都一扫而空,那时的青葱少年们各怀心事,私底下还在切磋如何用美丽的GPA和"狼性做派"的软能力打入全球顶尖的投行。以职业为目的的教育模式,无关人本,但也不妨碍热情就如刚端上来的鸡翅一样,热腾腾冒着热气。那个时候,世界不过是规则。

25岁,"深夜食堂"是写字楼外的中餐馆。最初的工作热情过后,开始渐渐滋生疲态和瓶颈。酒过三巡,同窗好友围坐在一起开始吐露工作中的各种不顺心。这是一种很复杂的情绪,因为大家一路皆坦途,一直被关照,突然出了校门就不被关照了,甚至开始被排挤,才会思考努力以外的东西。有个理论说,好学生靠自律、勤奋和遵守规则,而牛人靠热情和走极端。所以好学生和牛人之间是天然的矛盾体。那个时候,社会的真实面目在我们眼里刚刚开始显露。

　　而 30 岁，"深夜食堂"是那家风靡全城的 KTV。女朋友放弃一切国内的积累，追随刚认识不久的男人远嫁美国，众人以歌欢送。而立之年，规则与否，都开始变得不那么重要。这时回到了人本，我们都开始有一套内心的生存逻辑来对付生命里出现的各种意外，而且还相当坦然，不卑不亢。设计师山本耀司说："自己是看不见的，撞到一些东西，反弹回来，才会了解自己。"职场和生活的阅历都让我们慢慢长成了"自己"，有脾气，也有主意。原来无所谓的现在不妥协了；原来较真的现在放下了；原来看中的现在不相信了；或者过了那个时间点了，它们的价值也就荡然无存。这个时候，我们才是自己规则的缔造者。

　　在一些场合，我总能想起这些"深夜食堂"的情景，或是一两句对方说的戳心的话，或是一两句自己的固执与偏见。当网络上开始对那部同名电视剧掀起如火如荼的讨论时，我的脑子里突然就开始调度起这些跨越时空的记忆。当我把这一切连起来看的时候，这些在当初不过是一次次碎片式的短暂的刺激，却连成了一条大多数人都会经历的，从懵懂到懂得的生命经验。

　　"深夜食堂"，好像是在我人生的每个拐点处，剪了彩。

　　《解忧杂货店》里有句话说，他们都是内心破了个洞，重要的东西正从那个洞流失。人的心声是绝对不能无视的。

更深一点去想，"深夜食堂"所代表的那个解忧场，甚至不需要一个地理空间，它无非是我们内心深处的一盏明灯、一处告解室、一点盼头、一抹"小确幸"、一个摆渡人，在适当的时候获得了一次或真或假的心灵按摩。

我们在都市里的安全感，对于人生的幸福感，都往往与一些"深夜食堂"有关。比如楼下一家温暖的咖啡店、一只 YSL 的爆款口红、外卖 App 上的香辣小龙虾、每天都会临摹的隶书、每隔一两个月跑去不同城市看的演唱会、每年都会计划的国际旅行……有姑娘说，漂在上海的路真难走，还好我有这一柜子鞋，这一柜子鞋就是她的"深夜食堂"。而我的"深夜食堂"，是键盘，是一个个打出的字。

不是每个人都能找到自己的"深夜食堂"，但拥有"深夜食堂"的人不会活得太拧巴。它像一个支点，可以承载相当的人间重量。有人说，中年"三宝"是克制、诗歌和酒，克制能获得世俗成功，诗歌是精神解脱，酒是感性出口。可我觉得，一个"深夜食堂"就够了，"深夜食堂"可以有琴棋书画诗酒茶，以及用短暂的情感出口，去换得日复一日的克制。

上帝关上一扇门的时候，幸好我们自己打开了一间"深夜食堂"。不管它有没有骇人的音乐和漆黑的四壁做掩护，我们都何其幸运地化掉了心上的陈年污垢，让它变得亮堂起来。

一入派对见江湖

不妨来说说上海这个叫作陆家嘴的地方。

花费许多笔墨去写这座金融城，并不是因为我爱它。在最美好的年纪狭路相逢并不都能产生爱情，通常还有说不清道不明的爱恨交织与耿耿于怀。它每天在我的生命里翻滚，潜移默化地影响我，挥之不去却也割舍不掉，包括它同样霸气蛮横且引人入胜的派对文化。

金融说到底，是一个"people business"（与人打交道的行业）。"得人心者得天下"的观念从旧时的江湖就开始传颂，而在一入江湖深似海的金融圈，这些藏在桌子底下的游戏规则，是心照不宣的秘密，也成了人们眷恋这丈红尘的巨大诱惑。彼时，你仰慕天地会和红花会的民间侠客；此时，你在陆家嘴秘而不宣却习以为常的派对沙龙里，就能与你神龙见首不见尾的偶像们来一个擦肩而过，或亲密拥抱。

而最让你瞠目结舌的是，这些派对里的风云乍起，比起武侠小说里的暗藏玄机，有过之而无不及。

这些派对沙龙，一般都发生在夜黑风高的晚上，7点到11点之间。再早些时候，那些派对主人们还挤在密密麻麻的高楼里对着屏幕上跳动的红绿数字发呆。再晚些,他们又要回到那些密密麻麻的高楼里继续发呆,直到发出最后一封洋洋洒洒的工作邮件。

这些派对沙龙,可能在陆家嘴 100 层高的可俯瞰黄浦江夜景的露台上,可能在美式酒吧摇曳的灯火里,可能在滨江茶馆那温暖的一隅。露台上可能上演着外行青年男女伴随蓝色多瑙河的乐曲共舞华尔兹的俏娇,酒吧摇曳的灯火里可能是刚结识的风投与互联网企业主互有灵犀的碰杯与寒暄,而茶馆那温暖的一隅,可能是基金经理与行业分析师们因为热烈地争论着某只被私募盯上的股票而面红耳赤。

一入江湖深似海的下句,我想说,一入派对见江湖。

你瞧,这是一场典型的金融圈青年派对,像是一场看似平常却预谋已久的武林聚议,无论是背后的暗斗,还是表面的违和。

不同的"帮派"怀揣着邀请函从天南海北纷纷赶来。在装饰华丽的宴会厅门口,递上函,掏出钱,报上姓,在宣传板上签上飘逸洒脱的名字,再被咔咔拍两张照片,直接开始走红毯的仪式。而胸前小小的名牌,便是接下来数小时你是否被对方觊觎的第一处明证,似乎比旧时自报家门后的门派倾轧还显得孤独惨烈。

门派代表了你的学历、地位、名声、境界,是正面力量还是反面教材,呈朝阳之势还是落寞之姿。那些声名显赫的大行、券商与 PE(私募股权投资)的青年才俊们像是一流门派麾下的弟子,自然会在那些二三流门派的同行面前显出天生的优越感。他们通常穿着做工考究的西装,顶着一头上了发胶、闪闪发亮的头发,举着香槟四处谈笑风生,腰间

"H"牌的皮带熠熠生辉。

一般总会有那么一两个被邀请做演讲的重量级嘉宾。他们在派对的高潮款款到来，走路生风，口若悬河，像极了百闻不如一见的大侠，在武林大会的半截，如天外来客般神秘地降临，带来一个惊天动地的消息，或是一段让人唏嘘的往事。而更让所有后辈瞻仰的，是他聊起另一位如雷贯耳的大咖时，就像说着一个抬头不见低头见的饭搭子一样平淡。

这时候，无论是常青藤盟校毕业的骄子，还是在圈内混迹数年的无名小卒，都会齐刷刷地递上拷边的名片与自己的双手，外加一份虔诚而执着的眼神。不能聊得太浅显出自己的浅薄，不能聊得太深让对方应接不暇，刚绞尽脑汁想出一个正中对方下怀的话题，却被另一个有备而来的同行抢了先，只好投过去一个幽怨的蹙眉。就像武林大会上那些抢先与大侠切磋武艺的，其实也都是在换着法子增加自己的曝光率。他们的脑子里，都装着一个不鸣则已、一鸣惊人的梦。

而每场武林大会，似乎都有那么一个后起之秀，成了后来江湖里的传说。

大部分切磋武艺的毛头小子都被打得落花流水，再配上个不自量力的名头，做着剧本里或者生活里最不起眼的路人甲。最令人厌恶的是不懂还装懂的路人乙，满口胡诌、张冠李戴，在聪明人的世界里以暗器伤人，最后只会反过来伤了自己。也往往有那么一个路人丙，靠着过硬的招数或兵器与对方打得不分胜负，引来啧啧赞叹，成就了后起之秀的名声。

这个后起之秀，不一定是大行里如鱼得水的大红人，不一定是科班出身的名校毕业生，不一定有一个可以拼的爹。英雄虽不问出处，但一定学富五车、经验满满，多半还英姿飒爽、气度凌云，与对方对答如流、一见如故；你精通宏观，我深耕微观，你刚扶持了国内最大的互联网公司上市，而我刚投资了最有潜力的 AI 新秀。聚光灯很窄，璀璨之处容不下凡人。实力才是王道这个道理，放之四海而皆准。

除去那场主秀，其他的看客们也丝毫没有闲着。这样的派对是最好的笼络人脉、成交买卖、联络感情的契机。这些平时散居的野兽们，暗藏森林之王的梦想，来到了这个巨大的围场里，相互试探，相互客套，相互调笑。相视而笑的背后，藏着可想而知的暗流汹涌。

你看到那些点头应承的分析师，对面或许是一个能帮他在新财富投票的买方，再虚伪的话，都被他说出了百分之两百的诚意。那些踌躇满志的投资银行家，或许刚谈妥了一个私募的大买家，手里的后半杯香槟，在刚刚过去的一分钟里被豪迈地一饮而尽。那些头脑机灵的年轻交易员们聚在一起高谈阔论，揣测着央行的计划却被手机里突如其来的新政策惊得目瞪口呆，唯有望尘莫及。而那些忐忑不安的毕业生们，却被熟识的猎头告知业内已经心照不宣的不招人计划，真恨自己没有家传的倚天剑屠龙刀可以更迭换代，扬眉吐气。

不过，放眼望去，除了熙熙攘攘便是精神抖擞。这些背地里努力勤奋的年轻人，从事着如此形而下的社会活动时还是无法淡定。借力，就像是他们的一场安全的越狱，以显示对现实社会十足的敬畏。

酒过三巡，派对青年们开始流露出懒散而柔和的表情。不知是因为窗外朦胧的夜色，还是室内婉转的笙歌。

明争暗斗换成温柔良夜。

此时缱绻旖旎的氛围里，最适合讲女人。和武侠小说里着墨次之的女性角色一样，因为少了天地家国宏伟的担子便略显单薄，却也因为国色天香外加一腔热血而过目不忘。就像"落霞与孤鹜齐飞"这个句子，孤鹜再盖世、再英雄，没了落霞或冷艳或恬静的衬托，这画面也显不出那份波澜壮阔的意思。

每一场派对都有一位当之无愧的派对女王。她通常美艳无方，烈焰红唇地穿着高开衩的裙子穿梭往来，不见其人先闻其声。但那种扑面而来的视觉刺激却是坦荡的激滟，没有一点矫揉造作。她们通常顶着留美双学位与金牌经理人的光环，在所有关系里都游刃有余，左右逢源，来过之后留下令人心神荡漾的香水味，却永远让人望而却步。这像极了那种江湖里传说的奇女子，有黄蓉的机灵、赵敏的狠辣，又同时具备两者殷实的家底。但没人猜到通常奇女子也有一个温润如玉谦谦君子的软肋，值得她脱下周身所有耀眼的铠甲去温柔相拥。

和派对女王形成明显反差的，是那种打扮中性、不善言辞的"女汉子"，永远带着不知是凹造型还是真深沉的黑框大眼镜，在宴会大厅的一角摆着酷酷的造型。但知道她们的人，还是会挤过汹涌的人潮一把握住她们的手，啧啧道，听说你是这次唯一一个上榜的女保代，久仰久仰。都是武林中师太级别的牛人，除了没有可以传世的外貌，其他所有都可配得上流芳千古的名号。

而最捕获人心的，却是那些淡如春水、悠若浮云的眉眼。在弱肉强食的圈子，怜香惜玉也一如既往地适用。不是每个金融圈女白领都是八面玲珑的薛宝钗，那个有着林妹妹纤瘦的身躯，声线温婉的姑娘，让人忍不住猜想她有着怎样传奇的故事。很想因为这次浅尝辄止的际会就能获取佳人的微信号，却不想这种金庸笔下古墓派范儿的姑娘，通常也只会寄情于后来江湖里的那个传说。

关于这场派对是如何结束的，坊间有很多说法，但不外乎三种：奔着大咖去拜师学艺的，奔着后起之秀去沾亲带故的，奔着古墓派姑娘去生死相随的。好像都能在某位大师的武侠小说里找到情景重现，其实说白了，江湖，哪有不一样的呢。

最后的最后，走过这片江湖且笑傲江湖的金融巨子，在功成名就后回忆人生的时候，一定会提到年轻时参加过的那场派对。他未必是当时那个最耀眼的青年，却说不定因为对那个古墓派范儿的姑娘一见倾心，而让他从此付出百倍的努力，发奋成了后来江湖里最名至实归的传说。

而最后那些享受生活，说着功名利禄皆浮云、过着现世安稳小日子的普通人，也不一定没在那场派对里出过风头。或许只是因为猎头的一句金融业目前心照不宣的不招人计划而让他退而求其次。生不逢时便接受命运的安排，也是大部分人无奈而安全的选择。

　　但是那又有什么关系呢？

　　在最有梦想、有憧憬、有冲劲的年纪里，囊中羞涩，脸上挂着青涩，也没多少谈资，却因为花了 300 块走进了那场派对，看到了更广阔的世界，或许，就改变了接下来的人生。

　　江湖险恶，人心不古。但不妨碍潇洒地到此一游，再决定是继续潜入这片江湖笑到最后，还是掉头回撤，再拨开另一片世外桃源。

第 *03* 辑　幸好

人是一头小兽，终获美丽皮毛

人生选择题
之七

假如此生就是来人间出趟差，

你是愿意待在规规矩矩的标准间，

还是在草原上的帐篷外看星星，

在山冈上的茅屋里听雨声？

小命运

1

什么时候会觉得命运渺小？我猜一定有一瞬间是飞机徐徐降落的时候。密密麻麻的车辆和人流就像是挤在一起的黑点，是广袤大地上蠕动的二维码。就算是名噪一方的商界新贵，也会发现那个他叱咤风云的办公楼，不过是这片风云变幻的土地上极小的一隅。

这个时代的命运逝去得飞快。美国名厨安东尼·波登自杀离世，中国留学姑娘离奇失踪，杭州一场莫名其妙的大火吞噬了一家四口。每年都会有无数诸如此类的事件，人们还没来得及准备，咔嚓一声，命运便戛然而止。这个时代的命运就如《清明上河图》式的中国画，当卷轴一点点打开，人物一个个立在那儿，欢喜撒泼过，但很快也就一个个过去，成为浅浅的记忆。

商界也依旧翻篇得利索。万达酒店不姓王了，贾跃亭的围观者们看着他起高楼，宴宾客，楼塌了。而最近探访国内一家风生水起的创业公司，听说他们最初的发迹是因为展会上一个最显眼的展位，被领导们在人群中多看了一眼，从此以后政策扶持和资本青睐蜂拥而至。命运起伏如此迅猛，和任何风靡一时的东西一样，有畅销期，也有下架期。

就连风靡一时的电视剧《我的前半生》，都昭示了人一生可做的事情极其有限。子君说，被男人骗着吃下结婚生子的毒苹果，从初尝甜蜜到毒发身亡，她用了八年。人生就这么过去了一半，还是最鲜活的一半。而事实上，前半生的故事即便在一个全职主妇心里演了一百出陈世美的大戏，也不过是无数并不新鲜的历史里的覆辙。

命运真小啊。

溅起再大的浪花，也不过是卡在了重蹈覆辙的历史中的某一段进程里。当时再石破天惊的欢呼，也不会维持一辈子的回响。我这么说，好像是给生机勃勃的时代和欲求不满的人心，泼了一大盆凉水。可听起来这么"丧"的话，我打每个字时都铿锵有力。因为这是客观现实，也是镇静剂。

这剂镇静剂，可以让人在得意忘形的时候冷静下来，在深陷低谷的时候振作起来，在人和人关系剑拔弩张的时候，告诉自己这些恩怨终将淹没在滚滚的历史长河里，以后连自己都懒得想起来。

时代翻篇越快，命运越渺小。电脑时代，洛阳纸就不值得一提。移动年代，诺基亚手机便以身殉时代。智能时代，连人类都要乖乖下岗。

很多理所应当的事都要被时代瓦解，没有人可以一直伫立在风口。老江湖有一天也会变成小红帽，灰姑娘也会在天时地利人和时成为第一夫人。时隔十年开的同学常常会让人变成哲学家，为什么那个曾经淹没在人群里的男同学，竟然摇身一变成了万人迷？

世界越通达，命运也就越不会太宏伟。信息越闭塞，越容易诞生偶像，因为那时的偶像只有杂志照片里影影绰绰的美好，好像是天外来客。而如今信息无孔不入，人设就如立在支架上的软面皮照片，稍有点风吹草动就容易掉落下来。所以有些明星干脆习惯"自黑"，有时做一回普通人，也好过时刻准备着背起那千斤重的偶像包袱。

一代人的命运总是会被历史洪流所挟持。有一位作者写他父亲在"文革"时，要到农村劳动改造。而当时母亲一个人养不活三个孩子，必须安排一个孩子随丈夫去乡下。她没有选择最大的姐姐，也没有选最小的弟弟，而是选了老二——还在上小学的作者。"那时候，中国的无数父母都在经历着类似的选择，但当命运降临在一个具体的孩子身上时，仍然显得格外残酷。这意味着这个孩子一夜之间变成'乡下人'，从'工作一世'变成'种田一世'。"

而即便是闪光点满满的命运，也总会被人"一言以蔽之"。历史是一个"任人打扮的小姑娘"。我们常说"扶不起的阿斗"，因为阿斗不思进取，导致江山落败。可事实上，"阿斗"刘禅在位 41 年，是三国时期所有国君中在位时间最长的一位。在那种群雄割据、兵连祸结的动乱时代，没有相当优秀的才智是不可能执政如此之久的，可最后我们却只记得他是烂泥扶不上墙的阿斗，是千古笑柄。我们聚会时讲八卦，总会说你知道那个"如何如何"的人，好像某一个人生片段就能把一个人的命运概括。比如《我的前半生》中的唐晶，人们喜欢用"不结婚的工作狂"一言以蔽之。事实是，纯粹、努力和孤勇在她身上的绽放超过大部分的同龄女性，但贴标签的人们不管。

　　自己的波澜壮阔，在他人眼里仍然渺小。

　　可命运再小，对于你我来说却是百分之百的，一生仅有一次机会。所以人们对"小命运"的抗争从来没有停止过。你往书店那么一站，畅销书里总有一些和命运有关。"抉择""能量""性格""智慧"这些词好像是百万雄兵，可以把坏运气赶走，决定命运的走向。去看相，去寺庙朝拜，行善积德，离开家乡去闯荡，和厉害的人结婚，吃得苦中苦，人们都热衷往自己的命里不断添置运气，按照教科书的步骤撑"大"命运，如同杨绛说的"渴望命运的波澜"。甚至幻想用"三立"——立德、立功、立言，来成为历史的一部分，从此成为永恒的记忆。

　　而米兰•昆德拉在《不朽》里说，生命的不朽永远是反功利性的，并且绝对不是靠刻意追求、依附于人所能得到和延续的。它常常只属于那微微颔首但却把理想高举于头顶的人物。

　　就如人们纷纷传颂已故诚品书店的创始人吴清友先生，并不是因为诚品是商学院的好案例，相反，诚品赔钱赔了 15 年。不是因为他成功祈祷了命运，相反他的财富越来越少，智慧也没有太大增长；而是因为他衡量命运的高下，不是看财富多寡，不是看掀起多少商界风暴，而是看是否忠于自己、忠于自我的生命态度，看可以把多少困厄转变成正念。

我们的命运大部分是小的、速朽的、波澜不惊的。在这个碎片化时代，命运也不可挽回地走向了碎片化。

但坦坦荡荡承认这一点，并不会让命运从此黯然失色。大和小并不是意义的筹码，也不是不朽的标准。颔首把头低到尘埃里，但高举凌驾于世俗之上的东西，命运或许还能开出花来。

飞机着陆之后，我汇入了密密麻麻的人群。空中看到的黑点们变成了尽忠职守的机场工作人员，热情灿烂的异乡出租车司机，边走路边背单词的大学生，西装革履行色匆匆的男女，飞驰而过的豪车里的小开。所有的小命运汇聚在一起，形成了时代的张力，他们是这个世界的底色。

也不排除他们中间的极少数，或许能成为下一个世纪的谈资，他们会不朽。

时差星球

也是从最近开始,问心的脑袋里植入了一个概念叫作"时差人生"。

其实很久以来,人生是没什么"时差"的。我们 6 岁上小学,12 岁上中学,18 岁上大学,直到 22 岁大学毕业才开始在地球上有了一点自转的空间。可是这空间小得可怜,你周围处处有盟友和智囊提醒你,"是时候"恋爱结婚了,然后赶在 30 岁前生出你的下一代。

当然有搅局者。譬如那些天才少年,那些不婚不育的,那些放弃投行高薪远赴山区支教的,他们都曾是社会新闻和茶水间谈资的头版头条,是被隔壁老王婆拿到小区花园做排场的炸弹。那是"别人家孩子的平方",那是"大概性格有缺陷",不是问心的世界。

问心听一个成功校友的讲座,他说他是不看《人民的名义》的。因为过去二十几年在职场打拼,他天天都在看《人民的名义》,够了,而现在只想回归自然,拾起自己的初心。你瞧,成功人士的人生脉络也逃不过三部曲,乖乖拿一生时间书写那句老话:出生时看山是山,看水是水,然后很长一段时间里是看山不是山,看水不是水,到了老年又再次看山是山,看水是水了。这原本没什么,把人生摊开来看,大部分人都逃不过如此。他们没有"时差"地从青年开始戴上面具，然后二十几年后撕下来扔掉说，够了。

可世界到底是变了。大概它看到太多人性的微光被掐灭在规则的暗夜里，终于也忍不住说"够了"。

于是问心这一代可以成功入驻"时差星球"，好好经营自我的蛮荒之地，自己决定是盖高楼还是建平原，自己定义幸福和成功的 GDP，自己控制 GDP 增长的节奏，用"关你什么事"的不成文契约来制约社会。偶尔看到星球中的其他自转个体们有一些怒放礼花，有一些身处黑暗，但各自都明白不过是在不同时区。奥巴马 55 岁退休，特朗普 70 岁才上任，早一点晚一点都没关系。往近了说，日夜轮回、跌落云端和否极泰来是人生常态；往远了说，既然人生都是一场虚妄，不按自己的节奏来活，还真有点浪费。

问心想到自己在童年时代极成功的两大秘密武器：一个是每次在全校面前演讲时都会暗暗为自己打气说，"就当他们统统不存在"；另一个是每次别人问她遇事该怎么办，她总会煞有介事地说，知道为什么我要取这个名字吗，"先问一问心"。然后这两句话，基本也可以作为她如今闯荡世界的不二法则。

我用了"如今"，是因为在问心小时候，"自我"还是一个模糊的概念。但他们是中国第一代独生子女，父母的爱无处分流，都堆砌在他们身上，形成浓厚的蜜汁，慢慢催生出自我的萌芽。然后他们慢慢长大，不断接受西方的教育，发现来自"先进"国家的新鲜事物是那么贴近自己蠢蠢欲动的心，才彻彻底底开始抛弃遗留在父母那代人身上的集体主义光辉。

这真是一场意识形态的变革，好像之前给自己一堆循规蹈矩的书嚷嚷着要入世，如今却全部推翻说你不如纯粹点，放掉成人社会的黏稠滞重，留一身轻盈给自己。

在这个时代，做一个舒展的"自我"是坦荡的。问心小时候看历史，历史上有许多沉闷苦楚的年代，那时君为臣纲、父为子纲、夫为妻纲，做"自我"的人会被押上离经叛道的断头台。即使从现在往前翻几十年，周身弥漫的也是个人从属于社会，个人利益服从集体利益的世界观。可如今，不做"自我"才会被淹没在芸芸众生当中。问心听说，90后最喜欢的工作是网红和声优（配音演员），在网络上说说漂亮的话，在直播间要要压箱底的宝，做自媒体撑起自我的门面，然后以创业彰显自我价值。甚至，那种"自我"不需要完美，有瑕疵、有悲剧才更接近生命的本质。问心在朋友圈毫不掩饰地青睐范雨素那样的育儿嫂作家，因为她让人突然发现，底层的生命也是生机勃勃、清澈可人的。活捉一只大部分人都无法复制的"自我"，能掀起一场从上到下倾覆而来的讨论潮。

做"自我"在学术上是理由确凿的。马斯洛需求理论说的就是，在实现物质财富的基础上，人一定会追求更高层次的东西，比如自我实现。做"自我"在文化界也备受推崇。赫尔曼·黑塞说过，对每个人而言，真正的职责只有一个：找到自我；然后在心中坚守其一生，全心全意，永不停息。所有其他的路都是不完整的，是人的逃避方式，是对大众理想的懦弱回归，是随波逐流，是对内心的恐惧。而在现实里，做"自我"也颇受褒奖。从众意味着留不下任何印象，做自我起码能调动全身的潜力博上一把。人们常常拿"最爱什么，就学什么"的理念教育孩子。你瞧，人们都开始懂得这个道理。因为最不济，留不下印象，也满足了自我人生的冒险欲。问心发现，无论如何，做"自我"都成功地被编进人类思想潮流的进程里去了。

但其实，"自我"并没那么好找。很多人都找不到，糊里糊涂过了一辈子。正因为如此，更显得它珍贵。

人们在消费中寻找自我。问心扫一眼手机上安装的 App，发现真是每一件都想着法儿地满足自己的欲望——兴趣、形象、窥探秘密的小心思、内心的幻想和理想。某点评 App 在首页就"猜你喜欢吃什么"，某导购 App 为自己量身定制筛选了全世界的好东西，某打车软件为自己主动寻找着顺风车的车主，某金融平台实时为自己送上符合财务自由度的投资和贷款，某头条 App 在精准画像贴上几千个标签后，终于把自己最关心的新闻头条递到眼前。而自己的每一次社交行为，都像是无门槛地发表作文，接受各方"比心"。问心和身边的低头党们一样过着服务好、不花力气、节省时间、私人定制的生活。世界就这样，变成了"我"的世界。

问心听一个投资人讲直播平台的奇闻逸事。直播间经常有土豪出没。曾有一个一掷千金的主，每次撒完钱，就收获一众草根们的膜拜，在捕获直播女神芳心的同时自己也成了网红。听起来这都是茶余饭后的笑话，但看起来以消费来购买自我认同感绝非天方夜谭。

人们也在虚拟世界中寻找自我。写作平台、知识付费平台、真人秀平台、自媒体平台，这些都给了草根足够的舞台，什么社会事件都可以评论几句，还显得颇有道理。问心的很多女性朋友都成了这些平台的激流勇进者，成了作者、主播、"斜杠青年"。毕竟大多数人都有两张皮囊，白天供人看的一张负责赚钱养家，深夜屡屡冒头的另一张负责实现理想。问心最爱看的综艺节目《奇葩说》，在这个中产崛起、寻求个性和认同的浪潮中演绎着包容和交流的戏码，这是问心他们这代人的"春药"。"我可以不同意你说的每一个字，但我誓死捍卫你说话的权利"，说得多好呀。"自我"太被优待了。其实细细想来，几乎所有商业行为背后的动因都是个人的理想，就是"自我"。

"自我"的文化就这么悄悄然地塑造了一个新的经济体。蛮横的市场好像在扫清一切用户和"自我"之间的障碍。甚至，并不是此时此刻就"需要"的，而是深深隐藏在内心的欲望、兴趣、形象、个人理想或者不过是瞬间的喜好。问心的创业者朋友想方设法寻找"自我"痛点，把大数据作为武器，让各种层出不穷的用户欲望消化自己创造的各种产出，动不动就来问她最近有什么不佳的用户体验。而且，这种商业模式已然受到了强烈的认同，仿佛成了下一个社会进步的标准。它们一边创造巨大的财富，一边聪明地要把人类吃掉。

这当然是问心这一代人的胜利。可以随心所欲地选择与世界接触的渠道，决定自我的生活方式，在还没有世界观的时候就开始塑造自我的品牌。即便是充当社会进步的小白鼠，问心也认了。毕竟相比历史上的沉闷年代，他们真的只需要轻轻触碰屏幕，就拿到了"自我"标识的勋章。

在"自我"的滤镜下，一切都显得柔美。可真要拿放大镜去照它，问心还是发现了破绽。

问心总能听到身边许多人抱怨不稳定的关系，不稳定的爱情，不稳定的友谊。这也难怪，一旦他们都渐渐接受了"我"高于"我们"的生活哲学，同理心就很少出没，自由就开始大行其道，安全感就被剪得零零碎碎。安全感是以牺牲个人自由为代价的，但它与"自我"时代是相反的。

世界太不牢固，人也不牢固，最可靠的是"自我"，情感作家们都这么写。旧时代的人对待感情总有一种破釜沉舟的勇气，要把发票里"谢谢惠顾"四个字都刮出来才作罢，但现在恐怕刮到一个言字旁就已放弃。人都在感情的天平上度量，是自尊心重，还是爱重。而崇尚自我价值的人，就像问心一样，不会允许喜怒哀乐都被人控制，让"自我"低到尘埃里。她就和那些赌气的男男女女一样，都会有一瞬间告诉自己，绝不能失去自我呀，自我最大。

可能"我们"都太重了，只能先轻轻说一句"我"。

说多了"我"，就与外界有了隔绝感。失去的除了安全感，有时候还有与世界拔刀相向的能力。过分强调"自我"的人，周身好像都竖起了玻璃罩，把世间一切形式的不快乐和困难都隔离开。可问心最认同，不经一番寒彻骨，人无法成长为坚强、优秀、自给自足的个人。通常自己要被打得七零八落才能慢慢和社会融为一体，就好像粉末似乎只有倒进最烫的开水里溶解得才最快。可在如此自由的年代，她周围总是有一堆浑浑噩噩的小孩，只挑最轻松的行当而把"自我"当成挡箭牌。这样偏激的"自我"，仿佛是温室里的花骨朵，是长不大的。"时差星球"虽然允许自转的个体自己控制成长的节奏，但前提是，每个人都需要努力。

从鲜明的"自我"到毫无辨识度的芸芸众生之间，其实存在着广阔的区域。问心的那个校友，在很长一段时间内都徘徊在芸芸众生那一头，直到老了才有勇气走到"自我"这一头。问心的太婆那一代，姑娘们小时候被逼迫裹小脚，从 20 岁到 40 岁都在生育后代，"自我"这一头基本见不到她们的踪影。而问心足够幸运，从很年轻开始，就可以在"自我"这一头蹦跶，身处繁花似锦之处，过着轻盈的生活。她知道那一头的风光，黏稠、滞重、不好看，几乎没人要去，但那里还是会有这里缺少的景观，比如朴实、忠诚、安全感和她想不到的历练。

世界比我们任何一个"自我"都广阔，但没有自我的世界也不再生机勃勃。当世界一味抹杀自我时，一定有问心这样的青年们跳上自转的个体，迷恋酷酷的"时差星球"。但当"自我"被无条件溺爱时，也一定有副作用等着他们去扛。

轻盈和滞重，都是人生的必修课。

我们生而"破碎"

媒体的头条总喜欢捕捉人们犯下的错误,比如欠债不还,婚姻不忠,其热度远胜过科学进步、伟人诞辰。处理错误的过程中又会衍生出新的错误,成为新的头条,比如逃之夭夭,拼命洗白。公众为什么那么喜欢错误和丑闻?法国作家古尔蒙说,这样一来,自己所隐瞒的错误好像也是天经地义的了。

这样的解释令人发笑,但人性里真的有很多令人讨厌的东西,比如贪婪、懒惰、冲动、小怪癖、大脾气,犯错顺理成章。人脑进化了数百万年,还是常常会有"动物思维"出没,打败真正代表人类特征的高级意识,连世界上最聪明的人也不能幸免。再加上人生谁都是新手,经验缺失导致蒙昧,好像在很长一段时间里,我们都是蒙着布走路的,一再走偏,一再失手。等布从眼睛上拿下来的时候,哎呀,中年了,余生只好就着后悔下饭。但中年人还是会继续犯错,"假性中年人"和江浙二线小城里的宝马车一样,满大街都是。而动物性、盲点和缺陷一旦到达致命的浓度,悲剧便顺理成章地出现了。

尤金·奥尼尔说,我们生而破碎,用活着来修修补补。所以"修补"

是很迷人的，时间对人的塑造非常吸引我。但同时，接受塑造、自我进化的前提是，把破碎的地方找出来，接纳它，直面它。人有时很伟大，一点点小甜头就能支撑着人度过漫漫长夜；但有时候人也很渺小，一点点刺激就会全然露出破绽。发掘它的过程同样吸引着我。

人常常为不是自己犯的错误而感到羞耻。我小时候总被无聊的男同学叫绰号，绰号的意思并不好，所以每次被叫绰号的时候我都很紧张，生怕被父母老师听到，好像做错事的人是我。电影《心灵捕手》中有一个场景让我印象深刻。主人公威尔是 MIT（麻省理工学院）的一名清洁工，从小生活在家暴阴影之下，但他绝顶聪明，在数学上有着过人的天分。后来心理辅导专家桑恩教授为了帮助他，对他说，家暴不是你的错。一开始威尔并没有什么反应，可当心理医师不断对他说这句话，这不是你的错，这不是你的错……说到第 10 遍的时候，终于攻破了威尔的心理防线，他崩溃大哭。来自什么样的家庭，什么样的人种，遭遇什么样的变故，并不是令你羞耻的原因。可在人还没活通透的时候，我们常常傻傻地把这些外来的侵袭和压力都一股脑地背在自己身上。

人也常常对得到的东西视而不见。成年以后的下午茶场所，常常是女性的八卦集散地。一个朋友大声抱怨自己的家人，被对面的单身女性一脸嫌弃地说，能抱怨说明你已经拥有了这些东西，但很多人连抱怨的对象都没有呢。对于重要的东西，没有的人总是会比拥有的人更清楚。

但人又常常把近处的东西看得无限大。比如高考对于一个高三孩子来说是天大的事, 但回头看看, 不过是人生攀爬过程中小小的障碍; 毕业后被投行破格录用, 后来又因论文答辩没通过而被辞退的校友, 说那时蹲在世贸大厦 100 层, 只想往下跳。而每天在格子间辛勤劳作的人, 不论是银行家还是律师, 都不会自觉地把职业里的东西无限放大, 大到窒息, 一旦放下工作去旅行, 就会发现其实每天困扰自己的东西是那么渺小。

年轻的丑陋之处, 在于看别人都觉得平庸, 而"命好"仿佛就是什么都能手到擒来, 没有悲伤。但马东说的"命好"是另外一番图景, 那是"虽不是一生顺遂, 但总能逢凶化吉, 大难不死"。所以你看人生越往后走, 越难再有花团锦簇的一整片时光, "命好"的标准在不断降低。到了三毛这里, 她说: "当我们九十九岁的时候, 想到这一生的岁月如此安然度过, 可能快乐得如同一个没被抓到的贼一样嘿嘿偷笑。"我相信是真的。随着生命里痛苦经验的增加, 人自然会变得仁慈、宽容、平和。可能十年前的我想摆脱坏事的时间尺度是几天, 最多几个月, 但十年后的我会愿意花数年甚至数十年去对抗一件事、去做一件事, 也毫无怨言。

年长令人唏嘘的地方, 是总要面对曾经的"我以为"。所有的"我以为"都很悲剧: "我以为"你没有爱过我, "我以为"你爱过我, "我以为"我有天赋, "我以为"我没有机会……电影《前任 3: 再见前任》赚取了好多人的眼泪, 大概后悔是人生的必经之路。"我以为"苦难是祸, 后来才知道最好的经历来自苦苦打拼; "我以为"成功的满足感来自实现目标, 后来才知道满足感来自努力奋斗的过程; "我以为"身处顶层的人风光无限，后来才知道压根不是——中国有 44％的皇帝是非正常死亡，所以做皇帝才是世界上最高危的职业。

而像勇气、毅力、耐心、定力、坚持初心，这些字眼反复在人类的领地传颂，是因为它们太珍贵，能做到的人少之又少。人们大抵是这么对待新年计划的：和办了健身卡、买了新书一样，热乎劲一过就将其束之高阁。人们大抵是这么对待家人的：一旦被照顾，就迅速变成寄生虫；一旦不被关注，抱怨便大行其道。人们大抵是这么对待初心的：走着走着就偏离了原来的目标，可四下一看也不算太糟，就继续往前走了。

自我进化最大的障碍就是这些难以察觉的主观情绪和人性弱点，譬如"别人一批评我就生气，别人一赞美我就心软"的动物属性。能跳出自我，才是高手。

武侠小说里最蛮横、最狂妄的那些人，都被无情地消灭了；真正的高手总是谦逊的，因为他们知道自己的弱点。成功的人，一定清晰地知道自己的弱点，并努力克服；不成功的人，往往觉得自己毫无问题。

但高手都是从跑龙套开始的。譬如读了一本好书，破碎的地方会缝合一点点；每过一两年，补丁会掩盖住原来的样子。如此往复，招数渐多，改头换面。哪有什么逆境和顺境呢，招数够用就是顺境，不够用就是逆境。在怪时代、阶层、身边人之前，不如先正视自己。

罗伯特·麦基说，我们人生中最艰巨的任务就是自我分析，试图领悟我们的人性并化解其中的一切纷争。往前推 100 年，可能这样的论调并不十分合适。那时人生中最艰巨的任务是找到信仰，心里存着家国天下，抛头颅、洒热血。但他的话却十分适合如今的时代——天下太平却人心不古，科技飞速进步而人类却"巨婴"满屏，"狗血"是日常，每天追捧"狗血"就能过一个无比充实的人生。繁荣和安逸变成了一种无可抵挡的清洁剂，洗掉了自省的抗体，反而长满了错误的病毒。

　　如果顺利的话，我希望当"以前的我"来找"现在的我"时，"现在的我"可以自立门户，和那个"近代的我"撇清关系，和那个"古代的我"老死不相往来。更顺利一点，我希望"现在的我"看待"未来的我"时会感叹：哈，又是一条新鲜的好汉。

身是蜉蝣，心有猛虎

人类世界里时不时会出现一些不友好。

人们已经不再谈论阶层与贵子的相关性了，而一群从小到大都被称为"别人家的孩子"，最后发现自己与蜉蝣并无二致。这种幡然醒悟，像极了"loser（失败者）中产妈妈"说的那样，到了中国最顶尖的城市上海，结果没看到海，只看到人海，还都是"漂洋过海"。一个自诩不凡的名校留学生，在这里无非也就是一个路人丙。

而意图脱离蜉蝣这一群体的，反而尝到了颠倒的滋味。最近有一种说法来描述当不当 CEO 的区别："以前不当 CEO，天天想着怎么活得更好；现在当了 CEO 则天天想着，怎么才能活着。"

更有甚者，当某某红小生突然离世时，人们从四面八方赶来，却都并没有照顾一个人最后的体面，而是兴致勃勃地传播流言，往其亲人血淋淋的伤口上，再猛地撒上一把盐。

所以城市的折叠已经掀不起浪了，最新的挫败感在于，用尽了一生的聪明的中产，和混日子的底层一样殊途同归。想通过创业一下子跃升金字塔层级的，反而掉进了万丈深渊。即便是名人，也逃不掉死后被人随意消费的厄运。就像一只蜉蝣的灵魂被对半劈开，然后各自去平行时空走一遭，再自以为是地粉饰终究也掩盖不了本质。这确实比僵化的阶层，更令人意难平。

朋友圈遍地是自嘲的人。平日里豪情万丈要去改变世界的，最后也把自己安放在了一个"微不足道的生命"身上。这倒是印证了人类成长的三个阶段。

年轻时会有那么一瞬，认定自己就是被命运垂怜的那一个，怎么也不会把自己和天灾人祸联系到一起。这是第一阶段的"以自我为中心"。到后来屡屡碰不到好运气，才意识到自己的喜乐，不过是万家灯火里的日常，而自己的哀怒，也是必须接下的命运的招。这是第二阶段的"无能为力"。而第三阶段，并不是人们揣测的"安乐死"，而是罗曼·罗兰告诉你的，"看清生活的真相后，依然热爱生活"。

承认渺小，是成长的第二阶段。而人生的分水岭，往往在于第三阶段。那么不如心平气和地告诉自己，身是蜉蝣又如何，心有猛虎就好。这后半句，好像是所有励志故事的开场白，但也是你自我辨识度的落款。

可我没法斩钉截铁地拉着你，从第二阶段的阴暗角落直接跑到第三阶段的阳光里，因为每一个表达的人也是渺小的。我能分享的，只是几个故事。

第一个故事是在饭局里听到的。男主角在国外留学，最开始也经历了纸醉金迷和风花雪月的兴奋期，而在遭遇了考试和选拔的连番失利以后，他被失败打到谷底，然后做了个决定：必须混出个样子。

他找了一份卖保险的工作。他用尽耐心和哭脸，每一周最多也只能卖出 2 份保险，几个月从未有突破。后来新来了一位上司，一上来就给他做了业绩 KPI——一周卖 8 份。他第一反应当然是做不到啊，因为他从未做到过。老板问他，你觉得"你可以做"和"你做不到"之间，区别是什么？在于你的选择。

这真是一剂十足的鸡血。结果当然是：他每一周都在增加业绩，从 2 份到 4 份到 6 份，最后做到了 8 份。然后他成了那段时间唯一一个获得销售冠军的亚裔员工。

有趣的是，男主角还提到了一个类似的例子。在美国有个跑步纪录很多年没有人能突破，因为没有人相信自己可以突破它。可奇怪的是，当这个尘封多年的纪录被打破后，居然连续出现了好几个刷新纪录的人。

这个故事让我觉得格外唏嘘。人有你无法拒绝的人生设定，但也有你无法想象的强大。每个人都听过"人的潜力无穷"这句话，但过不好这一生的理由，很大程度上在于多数人都输在了一个打不死的信念上。

第二个故事，来自舞蹈家、主持人金星写的《掷地有声》一书。所有人都知道她变性的事情，却并不全了解"她曾在皮包店当过售货员，给别人当过保姆，批发过运动服，在餐厅里洗过盘子，挨打受罚，饥寒交迫，背井离乡，半身不遂，被人误解，被人羞辱，也被人中伤"的路人丙往事。

人们更无法想象，她从底层慢慢站起来后，连脚底带的泥，都沾着力。

不知为什么，这种蜕变在我看来格外迷人。她唯一的筹码就是，踏实地做自己，不想改变世界，也不被世界改变。这个信念，让她用了一种最磊落的方式，把"金星"这条路走到了底。

当然，这两个都算是幸运的案例。有更多可能一样付出了十倍努力的人，依然是人们看不见的"蜉蝣"。

但"心有猛虎"最大的意义，并不在于它可以许诺你一个响当当的结局，而在于它可以在你最糟糕的时候，仍然恩赐你一个"理想国"。

木心是业界颇受赞誉的传奇。据说23岁的他，放弃了富家子弟的温柔富贵乡，跑到莫干山上做了一名苦行僧。因为他的艺术理想，他逼迫自己不能过"普通人"和美温馨的日子。

后来，他数度入狱，受尽折磨，颠沛流离。而他在狱中做的事，是将写检查的纸张偷偷省下来，写满小说和散文。在这65万字的手稿里，"没有含血愤天，没有涕泪控诉，有的只是对美学和哲学的思考"。他评价自己"家破人亡，断子绝孙。爱情上，柳暗花明，却无一村。说来说去，全靠艺术活下来"。可你看到他在大部分还留存的照片里，却永远保持着一副骄傲的派头。

后来梁文道评价他："你不觉得这个人像坐过牢，从'文革'中结束改造回来的很多作家，难免身子会往前驼下去，有点佝偻，难免神情会有点沮丧、失落、惶恐，但木心没有，他精气神很足，好奇怪好奇怪的一个人。"

这大概就是信念带来的礼物。

没有人会告诉你，心中的老虎可以扭转一切乾坤。可至少，你持续的激情和持久的耐力，会让"蜉蝣"渐渐轮廓清晰，血肉显现，甚至完美蜕变。这也是让我们这些"渺小"的生命欣慰的小小确定。

恕我不做复制人

不管你承认与否，我们大多数人都过了一场千篇一律的人生。

因为安全、稳当，永远有封顶的损失和不错的收益，还省了与舆论对抗的力气。顶着象牙塔的光环，走进高耸入云的写字楼，与西装革履的同事擦肩而过，在高跟鞋的噔噔声里奔入一个又一个会议室。也和所有人一样，在一个千篇一律的晚上，看了一部自以为千篇一律的玛丽苏电视剧《女医明妃传》，却被其中那个在困难生存模式里摸爬滚打，但未淹没在故纸堆里的女医谭允贤启发了心智：原来我们这一生，都是一个不痛不痒的错误。

女主角允贤的日常是这样的：背负不得行医的祖训，却从小耳濡目染，偷偷随祖母学习医术；偶尔去赴个宴，被花园里的铁皮石斛吸引，顺便为被追杀的痴情郕王祁钰做了包扎，又用银针扎十宣穴放血救了中风的主人；被老爸用鞭子抽、关绣楼、关地窖，还想着把病人喊到楼下，把诊断方子扔下去传信；被冤枉入狱性命堪忧，却还想着把首饰都送给狱监，去换一碗救人良药；家破人亡、身陷囹圄却追随戏班子里的王道士研习医道……

那当真是一个最坏的时代啊。女子不得抛头露面，学医更是三姑六婆干的"低贱"行当。父亲把她看作"祸害"，有些风吹草动就没来由地对她一顿暴打。一颗玲珑女儿心，被女德踩躏得千疮百孔，被世俗用一大盆又一大盆的脏水泼下去。她在屏幕里哭得梨花带雨，我在屏幕外哭得泪眼婆娑，但心里的掌声却自始至终都在雷动。

真傻呀，也真好。

因为允贤这样做的目的，并不是讨得封赏，光耀门楣。你们对财富名利趋之若鹜，可我铁了心地穿越人山人海，要去找到悬崖边的那朵石莲，只为救一个萍水相逢的路边人。

你我都深陷红尘，但总有人仰望星空。

你说她自讨苦吃，不遗余力地做傻事，她说看到病人在她的医治下睁开眼睛，是全天下最幸福的事；你说她败坏门楣，可是她不耻下问与草根为伍的样子在我看来却很高贵；你觉得女子行医是沙砾，只有她知道那是心头的珍珠。你觉得那不是什么"有出息"的活法，但这种"上不了台面"却赋予了她"传奇"二字，这种有伤风化不被理解的人生，却让她妥妥收获了两大男神的心。

郕王祁钰，听闻她"惨死"的消息后口吐鲜血，久久放不下她；皇帝祁镇盯着那罐允贤送他的桂花蜜，泪如雨下。

而当祁钰深情款款地向她表白的时候，她问的却是，就算在一起了，我也想做自己的事情，继续钻研医术，你会尊重我的选择吗？

我太喜欢这句台词了。这条女作家们因恨铁不成钢而反复论证的道理，被一个古代女子轻轻浅浅递出舌尖。她简直活成了那个病态时代的抗生素，对他人猛打麻醉剂还自带免疫。

换做任何一个玲珑少女，面对一个从天而降的白马王子，大概从此以后都会把人生重心放到如何抓住"高富帅"男朋友这一毕生事业上去。可是允贤，在任何时候，都还是坚持自己：我愿意嫁给你是因为我爱你，但我爱你，不代表我会依附于你，没有了自己。而真正爱她的人，必然会尊重她的理想和她的选择。

明白自己要什么，明白自己生而为人的意义，才是一生的功课。

在我们所有人的前半生里，都免不了有过那么一段慌张的日子。你怕自己空有一身做菜和女红的本领，却屡屡碰不到良人；你怕自己怀才不遇，明明奋斗到天明，还是在最后一轮面试里输给那个有背景的人；你怕自己的皱纹已经爬上眼角眉梢，却还不能鲜衣怒马，衣锦还乡。因为年轻的时候你还没底气建立自己的评价体系，只能活在别人晒出的似是而非的朋友圈里。

于是，人们在你人生的每一个阶段都会好心送来"你应该如何"的活法，18岁的时候告诉你大学去学金融能赚钱，25岁的时候告诉你快找个好人嫁了吧，30岁的时候告诉你快点完成女人传宗接代的使命，然后再告诉你，人的一辈子就这样了，安安稳稳过下去吧。

你当然可以照单全收，认真执行，永远活进社会的期待中，成为一个标准的360度无死角的复制人，在一个也无风雨也无晴的日子反复念叨杨绛的句子。对嘛，渴望命运的波澜不过是热血青年才想的。可是，也有人跳出来说，我偏不，偏不啊，我除了是社会人，我还是我自己啊。

结果是，前者成了观众，后者却成了女主角。

你可能也是观众里的一员，爱父母，爱孩子，爱家人，可似乎自始至终都没有真正爱过那个最渺小的"自己"。你把自己巧妙地隐藏起来，活成那个挑不出纰漏的"复制人"。你把感情分配给了虚荣、面子、安稳和那个别人说的"应该"，甚至帮着他们对着自己的心割一刀再割一刀，然后告诉自己：该死，我的内心怎么会有那么多"不切实际"的东西呢。

或许你觉得，做观众也挺好的啊。躲在和自己"一样"的人身边，抱团取暖，互相送赞，同途同归。这种千篇一律让自己觉得安全、热闹，没有差错。可是，如果你因为周遭带着酸味的攀比，就逼迫自己也去走那条似乎能最快达到财务自由的康庄大道；如果你因为全世界都认为嫁得好比做得好重要，就把自己扮成乖巧懂事软柿子般的小妇人；如果你因为自己已经过了该安稳下来的30岁，就把最珍贵的自己放掉，那么，自我就真的被放掉了，找不回来了。

真正的女主角从来不会这样选，实现自我才是她们通往美好人生的"唯一途径"。她们不会一个劲地说"我也要这样"，她们会说"不妨从我开始"。

做你热爱的事业，做你愿意为它浪费这漫漫光阴，辛苦琐碎也好，没有回报也罢，但你不会后悔的事情。为你认为有意义的对象奉献，不为世俗标准奉献，说到底，是把那颗灰蒙蒙的赤子之心拿出来，吹掉上面的灰尘，继续披荆斩棘，心无旁骛。你们一枕黄粱的时候，我锦衣夜行；你们醉生梦死的时候，我悬梁刺股。我并不是为了有一天可以挺直腰板在你们面前炫耀，而是这隐秘的愉悦早已让我甘之如饴。圆满，不过是求仁得仁。

撇掉那些混沌噪音，与自己的内心进行一次长谈。我们有没有在小时候就想好了你最想做的那件事？是开一家咖啡馆，是去非洲看动物迁徙，是设计一款有自己独创风格的珠宝，还是去当一个以卖字为生的作家？当你垂垂老矣的时候，会因为没做什么事而后悔？那么现在去做，何时都不算太晚。

有人羡慕辞职创业的人，可创业哪有外界想象的光鲜呢，把自己"累成狗"，对家庭造成伤害，起初几年或许还要面对负的现金流。有人羡慕辞职去看世界的人，可这旅行哪会真的那么坦荡荡，金山银山也有啃完的一天。理想好美，可是一旦把它嵌进寻常日子，面目就开始变得丑陋。这取决于，你对人生赢家的定义，到底是踏实安稳和千篇一律，还是以自己认为有意义的方式过一生。假若人生就是一场蹉跎，但愿那也是按着你自己意愿来的不错过。

至少，进可成功，退可难忘。

金星曾说，那场改变她人生的手术，让她的一条小腿从肌肉到脚趾尖神经全部坏死，险些残疾。若是一个普通人就罢了，但是她是一个舞者啊。舞蹈是她的毕生理想，是她的生命。她不知道吃了多少苦头，反复练习，终于能再次站上舞台。她告诉所有人，支撑她在台上这么多年的，从来不是腿上的神经，而是心中的信仰。

《女医明妃传》里的刘太医问允贤，大明可从来没有女大夫啊。她反驳，是没有，但不妨从我开始。于是，她真的做到了。她任凭内心的理想横冲直撞，在一个极度不宽容的社会野蛮生长。长着长着，人生就"开挂"了。

就是这样的。从来都是不死的欲望、无法放弃的梦想、兢兢业业的付出、死磕到底的坚持，才可能把你推上"传奇"的舞台。只有彼岸的乌托邦和心中的理想国，才是生命力的源泉。人生当然区别于剧本，但道理却如出一辙。

人们都喜欢说，世上只有一种成功，就是用喜欢的方式过一生。其实这说的是，"成功"永远是跟在"优秀"后面的，而优秀，往往是做由心而发的事情才能铸就的。

所以啊，对着那些"应该如何"的活法，听着那些"致富捷径"的说法，看着那些"聪明而理性"的人生，也就是看看就好，听听就好了。你若安安稳稳扎进真皮座椅安全驾驶，就永远看不见高山峻岭那边未知的风景。而一直支撑我们活得更好的，其实永远是自己独有的"白月光"和"朱砂痣"，它们不仅能支撑你主动跳下车，越过一座又一座崇山峻岭，还会让你"会当凌绝顶，一览众山小"。

假如此生就是来人间出趟差，你是愿意待在规规矩矩的标准间，还是在草原上的帐篷外看星星，在山冈上的茅屋里听雨声？你这一生骑青牛过函谷关，朝登紫陌暮踏红尘，是为了要成为世俗意义上的"白富美"，还是踮起脚尖，去触碰自己的理想，让自己的快乐最大化，把身陷红尘的自己拎出来，去做那个仰望星空的人？这，全凭自己。

　　允贤，当你坐在墙头，望着满天绚烂的烟花，笑得一脸温婉，你信誓旦旦对着身边的人说好人会有好报，理想终会实现，冥冥之中上天会在身边暗中相助。这是我觉得，《女医明妃传》里最好看的画面。

人生选择题
之八

假如你心中一直有一簇小小小小的火苗，

是把它掐灭在规则的暗夜里，

还是放任其烧成熊熊大火，

把过去熟悉的一切都烧干净？

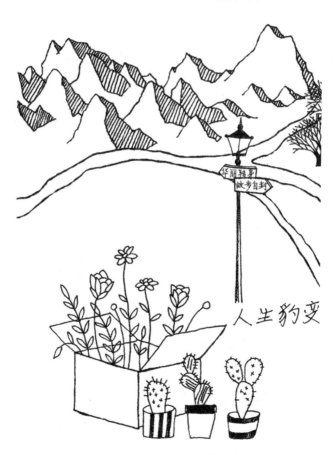

人生豹变

1

在"乌镇饭局"还未大热的时候,互联网大佬们的发迹史就开始在坊间热议。丁磊在宁波电信局写小软件的时候,马云在杭州下海成立了翻译社,周鸿祎每天要挤 3 小时的公交车上班,而马化腾还是深圳一家民企里名不见经传的工程师,同事们对他印象淡薄,不过是数以百计"小马"中的一位。刘强东小时候的一日三餐是红薯和玉米,连猪油拌饭都是奢望。而使雷军真正脱胎换骨的变化源自他离开金山出去做投资的这段人生挫折。风云际会之后,他们纷纷成了盛会上镜头追捧的标杆人物,讲话都要用头条和重磅来配。奇妙的时间能把我这样一个对着彭博看涨跌曲线的人鬼使神差地搬到了乌镇大会,更让他们抖落平凡,完成了一场迷人的豹变。

《易经》里说,大人虎变,小人革面,君子豹变。意思是君子之变,漫长而艰辛,可比豹变。与天赋异禀的物种不同,幼豹并不好看,经过长期的蜕变，最终才脱胎换骨长成身材颀长的成年之豹，获得一身美丽的皮毛。

和大佬们口中标配的术语"未来"给人的心动不同，回看"过去"，是另外一种心动。你如何从少不更事变得左右逢源，如何从爆竹脾气变得感恩一切，如何从囿于小我变成"君子不器"，如何从捉襟见肘变成富甲一方？当年跨过的几个重要的命运结点，认识的那位新朋友，习得的新技能，跌落人生低谷，辞职、创业、做出某个决定，甚至买来一些比特币然后忘记它的存在——还以为是生命中极其普通的一天，很多年后看，没曾想会一点一滴施展它惊人的力量，撼动了命运的巨轮。

这些转折和之后潜移默化的变化构成了我们生命里真正"活过"的明证。人并不是活一辈子的，其实就是活那么几次变化。

决心皈依佛教的女企业家告诉我，自从自己开始吃素诵经，每晚为身边人祈福，工作的烦恼便慢慢消退，睡眠开始踏实，纠结的情绪开始偃旗息鼓。这样的变化让她自己都惊喜不已，山珍海味放在眼前可以毫无感觉，也能真心为憎恶之人诵经祈福，而她自己，也不再会为一点小事而耿耿于怀。

一位放弃稳定工作开始创业的女性朋友（故事很老土但事实如此）似乎已经忘记油盐酱醋、"双十一"这些事，一头扎进自己喜爱的设计事业,每晚都会看几遍自己的作品。原来的生活热闹喧哗,内心却找不到支撑点;如今的她开始了一次寂静的蛰伏,内心却如千里江陵,波涛汹涌。按她的话来说,血液都成了涌出来的活水。

"别人家的孩子"经过一次痛彻心扉的人生低谷,最大的改变是,发现自己不是"别人家的孩子",也不用是"别人家的孩子"。这种自我设定的完全解放,跳出了他原来狭隘的人生框架,转而为他进入更广阔的生活颁发了入场券。对于一个事事追求完美的人来讲,这是多么的轻松啊。

我听很多人说过他们人生里那些重要的变化时刻——

每一次命运的改变都是在一次巨大的挫折之后;

遇到灵魂伴侣,思想碰撞,这美妙而短暂的回响是宇宙中最动听的声音,可绕梁三日;

我当时说出愿意无条件放弃待上市公司所有股份时,我知道自己真的不一样了;

当别人说你这么年轻应当去硅谷的时候,我还是坦然地留在了加拿大过养老的日子……

而当我第一次有这样的体会时,感觉就像大脑分泌了恩多芬[①],非常非常开心。我第一次知道做自己喜欢的事情所得到的满足感是如此

---

① 一种类似于吗啡和海洛因的化学物质,能够让人精神愉快,减少烦恼。——编者注

强烈，理智告诉我这种仿佛生命在拔节的感觉不是假的。

　　你瞧，我们普通人也常常有这些"从面貌丑陋到获得一身美丽皮毛"的时刻，这让我相信人在命运的种种点拨之下是可以不断再生出新的自己的。把这些猝不及防的时刻连接起来，就是整个人生的函数。就像我觉得人有强烈的"存在感"，无非是源于那几个时刻。同样在人生的函数上，它们就是其中那几个决定着曲线走势的关键的因子。

3

　　所谓的豹变，其实有迹可循。

　　对现状的不满，可能孕育一次契机。如果甘心被懒散和安逸所俘虏，那么大概率就这么过一辈子了。无论是工作中没有成就感还是关系中缺少满足感，想寻求新的支点，都是改变的前奏。

　　一场突如其来的苦难，容易打垮人，但更容易为世间筛选出坚毅果敢的人。成长的本质就是感受逆境，然后跨过逆境的过程。出身草根依靠不了父母的孩子，早早习得了独立的品格，会比很多出身优渥的"二代"更早看清世界的本质，靠自己打拼是一条艰苦但最靠谱的路。

　　当然外界刺激不局限于厄运。书里的一句共鸣，深夜的一场思考，朋友的一番良言，国外的一次游历，都能在平静的内心投下石子，继而泛起涟漪甚至是滔天巨浪。据说地球上的人类有 30 多种思维模式，在每个人 14 岁以前，大部分人都被某一种模式定型了，而这些模式决定了人们的性格和能力。每个人或多或少都生活在自己的心智模式之中，"囿于自我"是一件极其正常的事，但它是"豹变"的阻力，也妨碍你成为一个更通透的自己。

除了从天而降的厄运，世界并没有安装强制体系去刺激我们不断成长，所以追逐它的好办法是主动去寻求新的刺激，持续给自己新的刺激，拒绝接受世界奉上的默认选项，甚至把自己放在逆境中，主动选择难走的一条路，这样或许才有机会开机重启，完成价值观的大换血。很多人埋怨上天不给他们好机会，使他们不能华丽地豹变，这是因为他们本身根本不愿意改变，缺乏动力，也没有耐力。《纸牌屋》里说，想要变好就去改变，想要变得完美就不断地去改变。

4

这种艰难却令人心动的"豹变"，与阿道司·赫胥黎笔下的《美丽新世界》大相径庭。"美丽新世界"里的所有人一开始就被设定了"幸福"。他们富裕、安定，从不生病，也不怕死，人的欲望可以随时随地得到完全满足，要什么就有什么，得不到的东西他们也没想要。听起来这是浮躁社会里所有人都向往的，当你的起点就是别人的终点，别人的前路都是你的退路时，你又哪里需要改变。

可这本质上不过是看高了"天意"，而看低了"生命"。

一开始就被命运送上华服和糖果的人，确实令人羡慕，但他们往往看不到人生看似层峦叠嶂，实则柳暗花明的曼妙。一开始就被金汤匙注定了身份和命运的人们，身心都被置放于一个局促的角落，只有让生命不断转动起来的时刻，才是他们摆脱"出厂设置"的路径。而一开始就抽签失败，降落在平民家庭里的孩子，也不用急着叹气跺脚，以为永世不得翻身了，且先走走看再说。

"豹变"本身是岁月馈赠的干货。它在人身上留下的痕迹非常明显，它成就的不是一种身份、一份财富，而是一种风雨不惊的架势、江湖自在的气场。垂垂老矣时能清楚地告诉自己，在过去漫长的几十年里，一步步从人性的"荒野"走到"文明"，幸好没有留在原地，幸好有些事情再也不会失手了，幸好有些东西再也不用在乎了，幸好跨过千山万水，终究绽放成了一朵荆棘上的玫瑰。

告诉自己，一定要找到它们。

时间的儿女

1

时间有形状吗？我想它有时是方的，有棱有角、有章有节，戊戌年一到，时间就宣布换了人间；有时是圆的，圆润到走丢了都不着痕迹。一年年的春节聚会，同一拨亲人，面孔相似，但突然在某一年，你发现宴会的主角从招呼喝好吃好的前辈变成了大谈区块链的小辈。曾经挥斥方遒的老人就在那一年猛然枯萎下去，目光里失去神采，就如辉煌一时然后衰败的诺基亚手机。时间给众生都戴上了面具，让你差点以为父母会永远生猛，自己可以一直追风，千年万年这么活下去，直到有一天，音乐一停，面具撕落，时间到了。

在人生噌噌往上蹿的时候，时间呈现出的景观就如二狗从村庄回城的路：高耸的楼房代替了大片的农田，二狗换上了西装，抛却了乡音，越来越接近城市的时候，他变成了 Justin。而在一些人生落难的拐点，时间呈现的景观就像白皙肥美的藕突然遇到了藕节，这个晦暗的节点让原来洋洋洒洒的生长逻辑变了样子。就如人生总是猛然在一些晦暗的节点——倒霉、大病、下台时——才最明白事理，开始懊恼之前的狂妄和愚昧。

时间有时候只是松松垮垮地堆到一个人身上，像是堆砌的冗余脂肪，那些人大概在二三十岁时就死去了，此后的岁月都像在重复这四分之一人生，日复一日。时间有时候却是紧绷绷的，被未来蛊惑的创业者，全年无休地和时间赛跑，要是能多给个十天半月，就相当于从天而降追加的投资，简直睡觉都会笑出声来。

时间有时候好像是从生活的表面浅浅划过去的，比如无所事事的一个周末，或者熬夜过后的第二天，做什么事都提不起劲，上天有没有派发这一天仿佛没有丝毫差别。有时候却像和人们建立了深刻的同盟友谊，就如此刻我的大脑在飞快地转着，打出来一个个字，我好像用尽了正在过去的每一秒。

而时间最残酷的一点，是擅长把过去的很多东西归零。就如工作数年后学历便失去效力，创业后曾经的"500强"工作经验便没了帮助，不在其位权力便成了过眼烟云，荣耀并不能一直傍身，而盼头与希望，多半是用当下的、余下的时间创造的。

时间易逝、易废，会归零，但人生的秘密，好像都悉数藏在这分分秒秒燃烧的时间里。

前半生和后半生的分界线在哪里？有人说，是此时此刻。我对"当下"这个话题感兴趣，是因为我老抓不住它。我们的脑子总是难以控制地被耿耿于怀的过去和不知是否会"柳暗花明又一村"的未来占据，只有在一些危急时刻或者做冒险运动的时候，意识才会急转到当下。可能世人都怀有侥幸心理，对当下的忽视是普遍的。比如人人都说读书好，可没有人会在荒芜的青春里倏忽拿起一本书看就洞穿了人世，读过的书只会悄无声息地转化成骨血和储备，而在质变之前读书是苦闷的，在"当下"读书好像是无意义的。又比如我们知道决定一个人的健康的，60%是生活习惯，它缓慢而微妙地对着身体施工，可我们总是为自己找借口，熬夜一两次没事的，要到后来"东窗事发"、身体累垮，才知道为何过不好这一生。

人生也分近景、中景和远景，这意味着时间也需要做切割，分类做不同的用途。就如买来一块肉，要切分开来，这块红烧，那块小炒，其他放进冰箱备用。所以有些时间花在解近忧，有些花在备远虑，如此一来近景有了着落，远景也开始慢慢清晰。一个研究说，辞职后迅速开展第二职业的人往往都是在做前一份工作的时候就在准备了。毕竟在风云刮来刮去的年代，做工作的"游牧民族"或许会成为常态。如何将时间掰成两半花是后话，但把极易逃走的时间做了分类，就如先把调皮的小鸟抓在手里，再慢慢捋顺毛。

普通人如何改变命运？拿在手里的只有时间，时间一直都在，人人平等，看你怎么用。举个例子，假如从今天起你要读完1万本书，一天啃一本，需要 30 年；如果偷懒一点，三天读一本，一年读 100 本，需要 100 年。这么一想，大概人人都知道该怎么对待时间了吧。

3

而我们，都是时间的儿女。

不管是不是爱它，还是曾抛下它，时间都在雕琢我们、养育我们，也责罚过我们。

小孩子在学校上课，突然父母来访，总是会突感羞赧。就如本来好好在世外桃源玩耍着，突然就被拉回了现实，必然会不适。小时候对"贫富""阶级"的理解极为肤浅，比如北京的小孩子之间攀比，会说，你爸爸有几个警卫员啊？虚荣心大战乐此不疲。而读书时，好学生们都死死抓着排名表不放，把对自己所有的认同都建立在这数字之上。可当人长大后，越来越了解世事，看遍了人心的每一个角落，渐渐变得坦然、大方、不怕被揭短、不屑于虚荣。时间让我们从幼稚的战争中毕业，变得成熟、笃定、心平气和。

我听过很多人后悔，感叹人生，懊恼自己从某一个不小的年龄才开始懂得。但你知道吗，最近的生命科学研究发现，人脑的中央处理器——"大脑前额叶"这个东西要到 30 岁左右才发育成熟。"大脑前额叶"是人脑最高级的部分，专门负责判断和决断。所以对 30 岁之前犯过的错，不论是工作没找好，恋情伤了人，还是生活没目标，判断和决定出了错，或许都情有可原。民间故事里往往有这样的桥段，男人为了改变生活找贵族的女儿结婚，可是结婚以后才发现，人生最温暖的东西并不是什么财富、地位，而是人与人之间的感情，最后悔不当初。时间会让我们看人更准，看事更达观透彻。

而到了一定年岁，价值观也会重新刷新。一个同学去巴西旅游，碰到的向导曾是花旗银行和德国银行的交易员，后来发现金融圈是幻象，索性改行做了导游。身价不菲的企业家斩断旧业，重新起航做起慈善和公益，不为赚钱，全为使命。这是人生的进化，亦是"净化"。时间，也会让我们脱去世俗的外衣，拿出赤子之心。

时间让人进化，但从另一个角度看，人就是这么摇摇晃晃走过来的，有走歪的时候，有摔倒伏地不起的时候，也会有永远的伤疤，后来走着走着走顺了，也就不会被岔路蛊惑了。不要急，也不要慌。哪有一蹴而就的事情。人总是走到哪一步，相信这件事；走着走着不相信了，就换一种活法；不相信了，再换。就如年轻时执着于爱情的人们，怀抱着宁可高飞、宁可摔死的心态，到后来也知道人生要画一张合理分配的饼图，有事业、生活、爱好、亲情、友情，也开始学会低悬，不要摔死，要平，要稳，要活得长久。

张爱玲在小说里写："如果你认识以前的我，就会原谅现在的我。"这是一个不完美的过程，却是一个完整的人，做了一场时间的儿女。

4

龙应台在《1964》里写了一场悲伤的同学会。1964 年她正好 12 岁，时隔 44 年,56 岁的她去开了一场小学同学会,想看看 12 岁那年的玩伴都怎么样了。

她写道:"在我们十二岁那一年,如果,我们有这么一个灵魂很老的人,坐在讲台上,用和煦平静的声音跟我们这么说:'孩子们,今天十二岁的你们,在四十年之后,如果再度相聚,你们会发现,在你们五十个人之中,会有两个人患重度忧郁症,两个人因病或意外死亡,五个人还在为每天的温饱困难挣扎,三分之一的人觉得自己婚姻不很美满,一个人会因而自杀,两个人患了癌症。你们之中,今天最聪明、最优秀的四个孩子,两个人会成为医生或工程师或商人,另外两个人会终其一生落魄而艰辛。所有其他的人,会经历结婚、生育、工作、退休,人生由淡淡的悲伤和淡淡的幸福组成,在小小的期待、偶尔的兴奋和沉默的失望中过每一天,然后带着一种想说却又说不来的"懂",作最后的转身离开。'"

这段话很悲伤,却再真实不过。去翻以前的那些毕业照,里面的青春气息好像要溢出来,每一个人都好看,但却无法预知每个人会经历怎样的遭遇,又有怎样的结局。我有同学已经富甲一方,也有同学已经得了绝症,还有同学早就遁入天堂。

你不会想到,在这数十年里的时间轴上,中国诞生了淘宝、微博和微信，多了淘宝店主、网红、意见领袖这样奇异的职业，城市里打劫再也劫不到现金，微信成了外挂器官，而弹幕是新的聊天方式，数字货币一度成为人们心中的天堂，随后天堂又失了火。一个个新世界从地底下长出来，旧世界被弃如敝屣，而人们还在埋头挖金矿。有一些是时代的噪声，事后才知道不用理会；有一些是时间带来的潮水，汹涌一阵就走；而有一些却是命定的趋势，不踏上这艘挪亚方舟，就一辈子翻不了身了。

你也想不到，生活三部曲一步步地从"钻木、取火、打猎""攻城、略地、晋爵"，变成了如今的"创业、健身、旅行"。

人生有无数的浪潮打在我们身上，但作为时间的儿女，时间带给我们最大的恩赐，却不是让我们变好了多少，而是知道了如何面对余下未知的人生。我们无法预测最终的结局，但仍然平静面对，并充满期待。要从中获得什么，一定是先产生敬畏心，没有理所应当。身处困境，心会转念，而不是无法动弹。三十不立，就推后几年吧；四十有惑，就再学习吧；五十知了天命，也不妨重新再来。我们把时间带来的教育转化成不断的自我教育，这才是时间最大的雕琢之恩。

《1964》中的最后一句话是：没有一个老师，会对十二岁的孩子这样说话。因为，这哪能做人生的"座右铭"呢？

小小小小的火苗

1

这几年风头最劲的行业，大概就是互联网业了，资本聚集，舆论轰炸。为了搭上这趟或许一辈子都屈指可数的"时代顺风车"，我的朋友们纷纷从"高大上"的外资金融机构跳槽到风头无二的互联网公司。像任何一个故事的开头一样，相见恨晚，你侬我侬，也和多数故事的结尾一样，早知如此，何必当初。

有人在席间大倒苦水。说刚入职就经历了噩梦般的新员工"破冰"，要被问令人咋舌的隐私问题，做一些莫名其妙的难堪游戏，用意是在完全"打开自己"后更利于融入团队。遇到重要的网络节日便要在公司扎营，一个月见不到家人。员工的孩子们来公司参加活动，台上说，"知道吗，你们的父母正在做一件特别特别伟大的事情"，台下的小孩们像被点燃似的拼命拍手，拍完手回到家，仍然是见不到父母的。

搭了这趟"顺风车"的一位朋友自嘲适应的过程很痛苦，仿佛从体面金贵的白领丽人变成了要天天对着"合理的要求是锻炼，不合理的要求是磨炼"的大字报搏命的战神。但多数的"搭车人"是不会对车主和车上乘客提意见的，慢慢就会习惯在刹车的缝隙里呼吸，在疾驰的漫漫长夜里屏住呼吸。即便心里曾经燃起一簇小小的反抗的火苗，最终也被掐灭在了规则的暗夜里。当然也有例外，这位朋友心中小小的火苗最终燃烧成熊熊大火，烧光了幻想和妄念，于是她递上了辞职信。

不要误会，我对互联网公司从来都怀有敬意，只是当我们对着那样一张斩钉截铁的决绝的脸，任谁都会觉得那个由钢铁意志搭成的互联网帝国，似乎在刹那间松动了一下。

我想起另一个从中资机构跳到外资机构的朋友，曾反复抱怨过外资机构一天到晚轰炸的合规培训，影响了他全心投入本职工作。除却这个在外人眼中无足轻重的点之外，那个包着金色外壳，裹挟着各地名流，又层级扁平，奉上高薪的公司，怎么看都是他走上人生巅峰的理想之地。但后来有一天，突然听说他已经离开了那家公司，继续回到了或许薪酬减半但能舒舒坦坦维护内心秩序的地方工作。

你有没有发现，我举的两个例子并不遵守这个时代典型的"处世哲学"。在精于算计的成人世界里，人们好像更愿意放弃一些"虚幻"的东西，比如内心的勉强、隐隐的不适、对自由的向往，或者只是每天都开心一点；从而获取那些更为"实用"的价值，比如高薪、丰厚的期权、似锦的前程、旁人的艳羡，化身为"风口上的猪"。这笔交易当然"划算"，毕竟这些诱惑都是一支支寒光闪闪的利箭，一出去就把身体上隐隐反抗的穴位们都点住了。

掐灭心中那簇火苗的人看起来一个个都跃升阶层了，放弃救火的呢，好像把前半生的一切果实再一次付之一炬了。当然，这句话是我替世俗说的。

而婚恋市场的乱象，更是演绎了"中国女子是如何一步一步被毁掉的"。

若干年前办公室有一个在市场上赚得钵满盆满的"直男"，谆谆教诲部门的小姑娘们说，你们要知道女人的一生就像一条抛物线，要在往下走之前，赶快把自己嫁出去。

上海人民广场的相亲角把女孩们比喻成"房子"，年轻是好地段，漂亮是好户型，三十几岁就是不值钱的郊区房——因为不好生孩子了。似乎"好嫁"是女人唯一的卖点，"好生"是女人唯一的功用。

而恶名昭著的 Ayawawa 理论告诉女性，你要顺从听话啊，假装柔弱和无知，利用美貌和演技，步步为营，"操纵"男性，一步步获得男人的手机密码、金钱和房产。你要活成一枚软柿子，被欺负、被践踏仍要感恩戴德，化身佛陀。

当然我建议你看完上述三段文字就立马忘掉，精神毒素摄入多了，脑子里长出的思想也会是毒瘤。

　　这是一个对女性并不友好的世界。女孩们的人生叙事常常不由自主，从小就被驯化如何成为贤良淑德的女孩，长大会被教导如何成为一个无私奉献的女人和母亲，长期被舆论"恐吓"，深陷不健康的博弈关系却不敢自拔，因为连她们自己都认为，如果放弃那样的"捷径"，就再也无法获得想要的美梦。她们活得瑟缩、慌张、风声鹤唳，30岁对于她们而言不是而立之年，而更像是"死期"。心里的火种、珍贵的情感、隐隐的不适、自我的追求，全部都被消解了。女孩们掩盖了内心真正的斑斓世界，并认为这才是"女性的美德"。她们算不算践行了"女性的美德"，算不算"真正地活着"？我觉得不算。

　　作家林奕含说过一句话，忍耐不是美德，把忍耐当成美德是这个伪善的世界维持它扭曲秩序的方式，生气才是美德。

　　最后，她们从受害者变成了肇事者，当她们活到要为下一代张罗婚事的年纪时，便颐指气使地站在人民广场的相亲角里。几十年过去了，她们仍然扛着一面100年前最愚昧无知又庸俗的女性大旗，对着下一代的女性评头论足。最有戏剧性的是，那些她们精挑细选、符合想象的女子，事后证明大多维持不了长久的关系。真正能维持长久关系的是爱、理解和慈悲，不是外表和年龄，而爱、理解和慈悲都在被安排的婚姻里缺席了。

　　当然这不是中国独有的现象，玛丽莲·弗伦奇在《醒来的女性》里就写过一个反映整整一代美国女性境遇的故事。20世纪30年代的美国，小镇女孩米拉从小就痴爱读书，可她的聪明和独立却让她在一个封闭的小镇里成为异类。那时女性常见的职业还是打字员，女人的人生主题除了"家庭"，似乎没有其他可能。于是米拉屈服了，人生总是要说很多次"算了吧，就这样吧"，她像母亲期待的那样结婚生子，兢兢业业地践行"贤妻良母"的事业。但没有人知道，她心里一直有一簇小小的火苗——她的聪明、独立、梦想、自我，那些曾折戟沉沙的东西都反过身来找她了。

　　无论女性临深履薄地维持关系，还是皆大欢喜地成为全职太太，都是个人选择，只要是被充分赋予选择权之后，没有外力干涉而心甘情愿做出的决定，都没有问题。但你知道吗，那些心里仍有一簇小小小小火苗的女孩们，在成为母亲和妻子之后，是没有办法真正吐露心声的——她们事实上并没有办法从嫁人和孩子身上得到自我满足和自我实现，在产房里觉得自己就如案板上的猪那样失去尊严，会把"母亲"这样伟大的身份当作自己的负担，她们还是"好女人"吗？她们无论如何都不想被世俗的唾沫淹死。

　　但也有相当一部分现代女性，拒绝接受一生中会被分配到的对于她们而言"残酷"的角色。有女性朋友总结说，在如今这样一个精进勇猛的社会，没人陪你谈恋爱了，尤其是在北京、上海这样的地方，男人女人都追名逐利、野心勃勃，没人肯从工作中匀出时间来恋爱，别说恋爱了，吃顿不赶时间的饭都难。有一位女作家总结过现代女人最喜欢什么样的男人，排在前面的影响因素是生活能力及处理情绪的能力，而不是大妈眼里的银行卡和房产。

而最近嫁给哈里王子的梅根，更说过自己不是穿着水晶鞋的灰姑娘，而是要去打破横亘在女性头顶的玻璃天花板的人。

她们都是放任心里那簇小小的火苗烧成大火的人。

伍绮诗的书《小小小小的火》，同样写了一个自由和规则冲撞的故事。

在一个典型的成功人士社区里，人人信奉规则和秩序塑造美好人生，从男人的头发到草坪的长度都有标准。理查德森太太就是一个典型，她极端自律，从不向身上的每一处赘肉妥协，从小就觉得"像火焰这样的冲动极其危险，必须小心控制，才不会发展成燎原之势"。直到一对流浪的艺术家母女，米娅和她的女儿来到这个地方，像一颗巨型石子掉进了没有涟漪的湖面，她们的野蛮生长炸开了整个社区。可偏偏这对放肆而自由的母女，成了保守而规矩的理查德森一家的房客，理查德森太太的小女儿伊奇更是深深迷恋上了内心舒展而强大的米娅。

米娅对伊奇说，有时候，你需要把一切都烧干净，才会有新的东西生长出来。

伊奇点了点头。

最后她们内心那簇小小的火苗越烧越旺，变成了一场"灾难性"的大火。

看这个故事的时候，我渐渐觉得"不灭火"也理应成为成年人生活的一种尝试。当世俗动物们的处世哲学都变成"对待心底的火苗，像保存奥运火种那样，谨慎地传给下一代，抑或只适合把它们留存起来观赏，提醒人们，冲动必须加以驯化，火苗必须得到控制，发出适当的光和热已经足够，没有转为燎原之势的必要"时，我就会想，这个世界到底少了多少种迷人的可能性，世人到底按住了多少次心脏噗噗的跳动，又有多少坠入凡间的流星，变成了没有价值的陨石？

听过无数咬牙切齿的对于别人的评价，比如"你看他把自己搞得这么金贵，从来不点赞"，或者"为什么长这么大还是以外表作为择偶标准"，或者"脑子进水了，读完北大去做淘宝店主"，可是身份高低、年龄大小、教育程度，对于一个人选择如何活着重要吗？在我还没有多少阅历的时候，我也曾用这些条条框框，用心里的一把尺去丈量世人，但后来才知道，有些人就是希望活得像微信朋友圈一样，每天都有一水的新鲜事。但也有人只想静静地做一个旁观者，只允许你闯入他三天的生活。关于如何活着才好，世界上从来没有标准答案。

而我真心喜欢的，是那些无论性别、年龄，都把自己活成能量中心的人。像在心里夸父追日，追着那一束光、那一簇火，不停跑啊跑，追啊追，直到天荒地老，而不是拿起相机咔嚓咔嚓，说"你瞧，终于凑够了九宫格，可以集赞了"。

人世间最深的羁绊到底是什么呢？驰骋职场、拿捏婚姻、筑起美貌、堆砌才华，这些都是表面的。时过境迁后会发现，这些事情都像是上天设计的一场游戏，我们不过是在这场游戏里扮演了一个角色，事情是虚幻的，只有留下的感受是真实的。只有那些能持续给我们的内心带来欢喜、安宁、自在的感受的东西，才是支撑世间一个个孤独灵魂好好活着的力量。那些曾经噼里啪啦冒着火星的东西，才是当我们后来面对面谈起往事时，需要单独开一个章节来细细描述的。

　　风起于青蘋之末，浪成于微澜之间，而新世界，来自那簇小小小小的火苗。

命运决定性格

1

谁也没料到 2018 年的夏天,崔永元化身拦路巨石,娱乐圈再一次触礁了。

从风月丑闻到利益黑幕,这个时代的人们仿佛永远要留一部分时间站在"事故现场""吃瓜"。可回想一下每一场风波的结束,要么反派离场,英雄必胜,要么销声匿迹,不了了之。人们从故事中攫取谈资,再奔向下一个现场。但真实的故事主角呢,故事在他们的生活里远远还没结束。如此重磅砸下来的东西就像彗星的尾巴,会在人生中绵延好长一段路,成为阴霾或者力量。

可人就是这么摇摇晃晃地成长起来的。

所以这里我并不讨论故事本身,而是这些故事的"余震",和成年人的成长。

崔永元有句话我印象很深，他说："我在差不多三四十岁之前，都活得像一个孩子，特别简单。我的生活就是我和安娜（崔永元养的猫）这样的感觉，直到遇到了冯小刚，遇到了方舟子，我才变成了今天这样一个人，一个完全成熟的人，可以面对世界的人。"

　　可你知道，在20世纪90年代，30岁出头的崔永元就已经以风靡全国的《实话实说》节目和标志性的"斜眼歪嘴的坏笑"活成一面旗帜了，老百姓都爱他。据说当年观众一进《实话实说》的演播厅，就被撩拨得想说话。自己会说话不算什么，引得别人也想说话才是真功夫。可就是这样一位煽情高手，看似老成练达，要碰到更强的伤害时才会发现，原来当年的自己回应对手时"像个诗人，像个傻子"，不但没伤到对方分毫，而且自己心口的那把刀一直都在，十多年了还未结疤。

　　在成年之后，就是会有一些人，一些事，会颠覆你原本驾轻就熟应付世界的价值体系，逼着你冲出自我的堡垒，成为一个"成熟的人，可以面对世界的人"。

　　于是，他卷土重来，上演了一部疾风骤雨般的"崔式复仇记"，所有人都在说，他这次挥动的是货真价实的屠龙刀，戳破了娱乐圈吹起的泛着金光的巨大泡泡。

　　再来看另一个主角范冰冰女士，那是从负面新闻的围追堵截中拼杀出来的人，鲜有脍炙人口的作品，却开疆拓土打了一场场利落的翻身仗。网络上有一打她自创的励志药方，比如"万箭穿心，习惯就好"，比如"我不嫁豪门，因为我就是豪门"，比如"我能经得住多大的诋毁，就能经得住多大的赞美"，再比如"别低头，皇冠会掉"。就在最近，她居安思危地从演员顺利转型成美妆博主，收获了一众粉丝，推荐的面膜在整个日本一夜之间全部断货。她被人牢牢记住的美貌，娇艳欲滴，在这个时代转化成了日新月异的生产力。她的美不同于刘亦菲那种不着人间烟火的"仙气"，而是带着一股明晃晃的劲儿，一股就是要更强更美的劲儿，她用那张精致的皮囊，杀了无数个回马枪。

可这位坐稳了江湖地位，活成了一枚励志标签的"范爷"，这次仍然在社交网络上犯了低级错误。她硬生生地用一条"武月很开心"的疑似回应的微博，得到了后面各种汹涌而来的头条位置，成了反面教材，以及两周后的"委屈痛哭"。

中产的生活是相对乏味的，但生命也总是重复"V"形震荡，从无处安放的青春，到危机重重的中年。何况在这些顶级名利场，充斥着极致的人性和肉眼看不见的钢丝，即便是收获万千宠爱的公众人物，他们的成长也是永无止境的，因为名利如潮水，而宠爱又是如此捉摸不定的东西。世界仿佛为他们安插了一种"对冲"机制，爬得高的，好像总有摔下来的那一天，要摔过好多次，才慢慢开始学乖。

有人分析过明星到老时的仓皇。别看他们如今是一呼百应的风光样子，等到了老年，许多明星都会有不适。巅峰过去之后的落寞，绝不比没吃过葡萄的人来得少。好不容易露个脸，还要被人评头论足——脸是不是垮了，钱是不是用完了。命运曾经馈赠的礼物，都在暗中标好了价码，镁光灯下的闪耀，要变成一辈子的小心翼翼。所以常常有明星遁入佛门的消息，或许是，不断成长带来的防震机制还是跟不上也经不住所有风暴的"余震"，只能拿终极的信仰来收容颠沛流离的心灵。

多数情况下，"余震"会长久地留在心里，成为一道伤疤，一种抗体，或者重塑一个人的激素。多震一次，就多清醒一点。能顺利从刀锋上滚下来的人，多半会迅速增加本身的忍耐度和锋利度，在"成熟"两字的拼图上笃定地再添上一块。

但什么是成熟？

美国前第一夫人埃莉诺·罗斯福在《生活教会我》里有一段很好的描述："成熟的人是首先有自知之明的人，是思考问题并不极端的人，是即使情绪激动也能保持客观的人，是认识到所有人、所有事都有好坏两面的人，是谦逊、宽厚，知道每个人都需要爱与宽容的人。"

在对号入座的同时，你可能也明白了，要达到所谓的成熟，仅仅进行一次自我认知是远远不够的，几个回合的"余震"也无法达成。一个人会给自己真实的动机遮上面纱，教训的记忆也会毫无征兆地塌方，因此从"成年"到"成熟"隔着好长一段的距离，这段距离就是"成长"发挥的余地。

曾经左右逢源的崔永元遇到冯小刚和方舟子，才变成了"一个可以面对世界的人"，遭遇过"万箭穿心"的范冰冰，仍要一次次地收下诋毁，扶好皇冠。但无论是"小崔们""小范们"，还是我们，都逃不掉要路过这些我们生命里的"路碑"，绕过千万里还是会回到这块石头面前，被它撞伤，撞出了自知，发现了尚未察觉的局限和疏漏，再慢慢抵达成熟的国界。

我们都深切感受着成年人的成长。但奇怪的是，学界其实并没有多少翔实的研究。关于儿童成长的著作到处都是，从"可怕的两岁"（terrible two）到"八九十，狗摇头"，如若熟谙这些知识，我们看孩子奇葩的举动就会像看"月有阴晴圆缺"那么自然。但成年人的成长叙述，远不如孩子的成长规律或者太阳系的运行规律那么人尽皆知。

莎士比亚在《皆大欢喜》中将中年之后的事情都描述成衰亡；古人觉得多数人到 30 岁之后性格就和石膏一样定型了，再也不会柔软下来；还有人认为成熟要经过一个个阶段，大抵就是：20～30 岁学会亲密关系的相处，30～40 岁学会如何巩固事业，实现人生飞跃，40 岁以后为自己担心得越来越少，为孩子担心得越来越多。但事实是，如今人类寿命那么长，时代那么多变，哪会有那么简单粗暴、一蹴而就的事情呢？

哈佛大学著名的格兰特研究里有一条结论就是，人们确实会不断成长，但成年人的发展并不是一个有条不紊的过程，都是这里掉链子，那里补一点，交错影响，缓慢前行。就好像，一个女人在 18 岁高中毕业舞会上的美，和81岁时拍全家福坐在中央的那种积淀了一生的美是不同的。这两种美之间微妙的跨度，包裹了所有成年后的劫数与防御、压制和驾驭、人性和兽性之间的拔河。每一个人都有独特的成长方式，但唯一不变的，是他们统统经历过挣扎。

当然，也不能简单用工作顺利和爱情得意来评判人的成长。格兰特研究的一个对象查尔斯先生就是一个典型，这个50多岁时在职场上一事无成、婚姻失败的人，却在事后被认为是人生智慧最高的人，被评价为有趣、有礼、乐观、迷人且对学习极度渴求。他在长达15年对古板的企业界日益增长的不满之后，跌进了债务并勇敢选择回归他认为最适合自己的生活节奏。相反，用一条红色围巾结束自己生命的凯特·丝蓓（Kate Spade），也恰恰说明一个人即便拥有令人羡慕的事业和家庭，但还是充满痛苦，在某些方面的成长停滞不前。因为成长除了那些表面的东西，还包括适应性、情绪稳定、社交能力和情商、人生智慧的增长等。

我很怀疑那些放言某一个关口就是人生转折点的言论，比如起跑线，比如高考，比如上了名校或者进了名企。不是的，人生的每一个阶段都需要小心翼翼，生活的折扇并没有完全展开，以为自己对生活已经全面知情了的，后来都一一露出了破绽。

我也很怀疑那句老话，性格决定命运，但其实倒过来也适用，命运同样决定了性格。性格并不是一成不变的，那么多的"余震"多少能撼动得了它。

成熟并不是一种结果，我甚至觉得它和成长一样，是一种"十四年抗战"的过程。

刘震云多年前给冯小刚的自传作序时说过一句话："每个人面对自己和自己历史的时候，都有一种本能的胆怯和躲闪。"我觉得说得很精准。就如去人生博物馆看自己的一卷卷前朝汗青，这里蹉跎岁月，那里剑走偏锋，这一段大意失了荆州，那一段鲤鱼跳了龙门。

但这也恰恰说明，人心虽是一块拳头大小的肉，也是一口取之不尽、用之不竭的井，它源源不断的活水，正是成长的礼物。

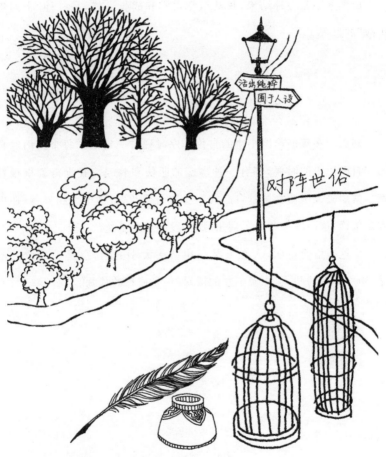

活出纯粹
困于人设

对阵世俗

人生选择题
之九

假如你落入世俗的温床，

是从容不迫地躺上去，

成为一枚美丽的琥珀，

还是起身离去，活出纯粹的自我？

琥珀人间

1

电视剧《那年花开月正圆》里有一个有趣的桥段,在清朝人的认知里,洋人是一种吸人血、勾人魂魄的东西,而教堂里则藏着见不得人的勾当。这让我想起,角色互换一下,曾经有老外来到改革开放后的中国后大惊失色,因为在他们的印象里,中国还是西方博物馆挂着的画里破败零落的样子,没想到这里的摩天大楼都已经高出天际。

知名作家麦家写过一封字字血泪的《致父信》。他自己曾有 17 年没有搭理父亲,源于 12 岁那年他为被称为"反革命"的父亲出头却遭父亲毒打。而等到他自己做了父亲,才真正明白父亲对自己的爱,可父亲早已仙逝,他悔不当初。这世界其实并没有感同身受这种事,一颗心很难真正抵达另一颗心。譬如一个没有经历过背叛和遗弃的人,是很难真的去怜悯那些不幸的人的。

所以古往今来,客观和理解都是稀缺品。事实千吨重,都抵不过轻轻巧巧附着在脑中的那点偏见。

偏见多了，人间就多了许多错位，假象和真相，静止和流动，观念和事实，仿佛处处散落着琥珀，外面的世界早已风云变幻、时过境迁，可就是有那么一些人还活在静止的历史里不肯醒来。

因为《十三邀》节目的访谈上了新闻头条的许知远，上演了一出男人对女人的偏见。许知远在我小时候还是《经济观察报》的主笔，刚刚声名鹊起，离现实世界还不"远"。如今他与访谈对象马东谈论家国天下事，而到了俞飞鸿这里，却堆满了各种"私生活"话题：喜欢什么样的男人？有没有想过要依靠男人？在女神谈论人生理想和精神偶像时频繁打断她，岔开到美貌和爱人类型。他认为女人依旧需要依靠男人去拓展自由的边界，对面的女人却告诉他拓展边界靠的是自己的经历，男人与爱情不是成长的全部来源。如此看来，一部分中国男人对女人的误会之深，连"公知"都不能幸免。

对面对坐着的两个人，却仿佛隔着几个生物代际，厚重的沉积岩把他们远远隔开。一个还在关注"性别"本身，另一个早已超越两性，谈论更宏大的命题。才子和女神，连"好好说话"的基础都没有。所以网络有人戏言，要让男"公知"人设崩塌，就让他谈论女人，被拉下神坛只需要一剂小小的偏见。

除了男女之间，代际偏见也频频出没。

我们总会听到新时代的年轻妈妈说，凭什么替宝宝做决定，你真的知道他们是怎么想的吗？只有我们从婴童长到成人才有感触，成年人总是把孩子的世界想得过于简单，小时候被"忠言"训练有素的我们，不代表会让这些不得已练就的"胸怀"延续到下一代。

而年轻人和中年人也总是处于两大对立的阵营。年轻姑娘看中年大妈，总觉得俗气无趣，多半还会暗暗发誓自己以后才不要成为大妈的样子呢。中年人看90后更是气不打一处来，为何会把自拍当作日常，热衷于把隐私昭告天下？可惜没有时光机，如果让年轻姑娘活到中年大妈的年纪，多半会知道御姐（成熟的强势女性）也曾是小萝莉（可爱的少女），生活的真相才不像讨论口红色号那么轻盈。如果让60后都去90后的世界里走一遭，或许出来以后他们也会远离驻扎多年的"相亲角"，放弃逼婚逼育的中老年"主业"，自甘成为B站（视频弹幕网站）和弹幕的囚徒。

社会的群体偏见更是司空见惯。

甚嚣尘上的五星级酒店不换被套的实锤让无数人意难平，可真正的尴尬不过是，在人们的偏见里，早已把贵的东西与好的东西画上了等号。

曾经全职妈妈嘲笑职场妈妈，已婚女性嘲笑单身女性，外企白领嘲笑民企员工，金融律师嘲笑自由职业。可是现在呢，风水轮流转，很多事都反过来了。

我在高中文理分科时，都不太敢选文科，生怕被同学们嘲笑——学文科的都是成绩不好的呀。

女性受到侵犯，好事者的第一推测就是"穿着暴露""举止轻浮"。更不用说那些不走寻常路的女性，会遭受多少如同全身爬满毛茸茸的菌群似的目光。

而上海被人诟病了那么久，是因为上海人认为除了上海人之外，其他人都是"乡下人"的狭隘论调，好像哪里都看不惯，只有上海最好。曾为庞麦郎出头的贾樟柯说，不要嘲笑别人的故乡，不要嘲笑别人的口音，不要嘲笑别人的头皮屑，因为这些你也拥有。毕竟，一个能给别人随意贴标签的人，本身的格局也着实有限。

所以人间能引起冲突的不仅仅是"善"与"恶"，还埋藏着更多密密麻麻的用偏见构筑的隐形炸弹。下意识和刻板印象，都是偏见的帮凶。社会规则和群体意识，也在助纣为虐。偏见太多，说出来能被理解的太少。一旦产生误会，许多事和人都会被用力过度地看走样。当然，我们被偏见伤害的同时也在用偏见看人。我们认为一拨人是琥珀的同时，或许在另外一拨人眼里我们才是琥珀。卡耐基说："许多人在重组自己的偏见时，还以为自己是在思考。"每每想到这里，我都惊出一身冷汗。

人常常是社会规则的傀儡和自身经验的囚徒，只是绝大多数人并无意识。每次写完一篇文章，我都会检查一遍，看看有没有使用过激的词语。我当然明白能被人记住的语句常常是蛮横和激烈的，但我更害怕，一个冲动会播下一颗偏见的种子。

　　写作的初衷当然是让更多的真相从尘土中露面，而不是扔出一块块盖好它们的手帕。

3

　　大部分的偏见当然源于无知。马东说，这个世界上大约只有5％的人有愿望积累知识、了解过去，而95％的人其实就是在活着。活着，我的理解是这95％的芸芸众生兢兢业业恪守人类编织出的故事和意义，对被设置的生活安之若素，以为那才是真理。可是故事和意义，不过是智人崛起，统治地球到今天的美丽的筹码之一。可乐卖得好，是故事讲得好；婚姻制度"推广"得好，是故事讲得好；马拉松成为21世纪中产阶级的新宗教，也是因为故事讲得好。上一秒它们还在忙着塑造世界，下一秒也可能被替代而灰飞烟灭。所以本质上，顽固恪守这些历史传承和社会流行，也是偏见。

　　也有时代的局限。在中世纪时，所有的意义与权威都来自外部，所以教育的重点在于背诵经文和一字不差地回答老师的问题。可现代人文主义的教育目标，却是教学生自己思考，老师没有标准答案，此时权威的源头从外部转移到人类的内心，所以两个时代的人的价值观不可能一样。20世纪七八十年代生人或许还执着于理想和情怀，90后、00后往往就会现实得多。他们在豆蔻年华时接受的熏陶不是《钢铁是怎样炼成的》，而是阶级固化、情怀无用，他们更擅长规划什么时候加入创业团队，什么时候入手房产，什么时候找合适的"合伙人"进入婚姻，他们很难体会到《人民的名义》里陈老那句"当官的，是从人民中来，再到人民中去"真的是一句情意满满的话。

经历和经验的局限也是捆绑人们的绳索。小时候发现一点儿新鲜东西，就会如获至宝地四处宣告，以为世界的面纱就这么轻易地被自己撕落下来了。可活得久了，就发现人间怪象丛生，规则不牢固，经验不够用，标准答案越来越笼统。人只有走过一段段或欣喜或苦涩的往事，看遍了世界上无数的好人和坏人，才会更深刻地理解自己、理解父母、理解他人、理解生而为人的自由和无奈。

很多人开始理解爱情，是从一段失恋开始；开始理解生活，是从一段婚姻开始；开始理解生命，是从有了孩子开始；开始理解人性，是从股市亏钱开始；开始理解命运的艰难，是从一段从天而降的厄运开始。可当人们什么都还没经历的时候，就已经在写生命、生活、爱情、命运的作文。什么都还没经历的人，就开始谈论看起来和他们不是一路的人。人们各活各的，各想各的，很难产生真正的联通和共情。你当然有权利去构筑你的立场，但没有权利去垄断话语权。

所以，在你们爬到前5％的"精英阶级"时，也要承认，其他95％的人并不是真的"你穷就是你不努力"，人和人生命的起点及人世的遭遇本来就是大相径庭的。

在你们嘲笑淡泊名利和不爱钱的人时，也要承认，在整个社会都被欲望和成名捆绑的时候，还是会有有理想、有血性的人存在的。

在你们用"毛茸茸"的目光对"非主流"的人指指点点时，也要承认，不被争议的人生，大概率是没有活出真实的自己的。

还是《新华字典》里那句鸡汤说得动听啊——

"张华考上了北京大学，李萍进了中等技术学校，我在百货公司当售货员，我们都有光明的前途。"

可人间不是《新华字典》里的这页纸，透薄平坦如事实与观念间的距离。人间诸多龃龉，偏见一旦找到黏稠的温床，便会从容不迫地躺上去，任性而固执地成为一枚美丽的琥珀，却一辈子与真实的世界关系稀薄。

自由人设

1 "偏方"与"毒药"

贩卖"人设"(人物设定)曾经是"偏方"。人不容易被记住,但人设可以。公众人物挤破了头想要站在聚光灯下,人设可以代劳。"老干部"能以清流之身受人敬重,"清纯萝莉"可圈一众"直男"铁粉,"好男人"可以捕获泱泱主妇,"霸道总裁"常常是少女"杀手"。从明星到商界大佬,热衷塑造人设的往往门庭若市。一手养肥的人设,多半能卖出个好价钱。

普通人也常常苦心孤诣地塑造人设。在朋友圈营造出加班熬夜现象的好员工,恋爱时收起坏脾气的"小甜甜",客户面前无微不至的乙方,孩子眼里无所不能的父母……运气和奖赏都是为强者设置的,而反人性的人设,是"强者"的铺路石。

时代就是一个喧嚣的菜场,人们都在卖力兜售人设,吸引流量和爱。少数货真价实,多数取悦市场。可在善于扒皮和消解光鲜的时代,兜售人设就像在玩叠叠乐积木，也不知道哪块木头突然间被抽掉了，便一下子面目全非。

人设卖得了一时，却卖不了一世。一句话，一个动作，一个路人的随拍，就可以将一个红得发紫的公众人物拉下马。太太们抱怨"好先生"婚后怎么变了一个人，老板们气愤"好员工"兑现期权后就不加班了，客户们发现"好伙伴"的拜访次数和生意多少完全成正比，老师们看到"好学生"也在高考后把练习册撕成了碎渣。谁都没有金刚不坏之身，最坏的人设是作假，最好的人设，也只是概率。

住在人设里的小小灵魂同样不自在，印堂发黑，面孔惨白，双腿虚脱。好端端一个人，偏偏要变成人设，撕掉皮囊做成面具，像流水线上的复制品，稍有出格就要削足适履，被万人讨伐，开始一场漫长的苦刑。

塑造人设不易，毁掉却在瞬息之间。人们通常会原谅天资欠佳，却不容忍钓名欺世。可人设的维护成本太高，甚至需要垫上天地良心。越在乎什么，就越掩饰什么。崩塌的理由并不是未满，而是太贪。

过犹不及，于是贩卖人设变成了"毒药"。这直接生成了我近年来最大的疑团，好像热闹都是昙花一现的，舆论也是疑点重重的，美好的会被嫁祸，丑陋的也会被洗白。总有一面"不合时宜"的放大镜，最终会照出一个个没有瑕疵、没有挫败、没有软弱、没有阴暗面的人设背后的藏污纳垢。

2 "财务自由"与"人设自由"

人们迷恋"财务自由"，可"财务自由"仅仅止步于有钱，并不是真正的自由。自由是一件高级的事，有钱的人很多都不自由。他们的时间自愿不自愿地被捆绑在飞机上、觥筹交错中和领导的寒暄握手里。

很多"财务自由"的人其实并不自由。明星在公众面前时时刻刻需要维持完美状态，谨遵大众道德标准做事，谈个恋爱像做贼。人设就是他们的修图工具，他们藏在背后安全可靠，不用担心粉丝溜掉。我一位朋友之所以选择离开乙方公司，就是因为眼见着位高权重的老板，依旧需要为客户鞍前马后，毫不犹豫地干下白酒。当然这都是正常的人类，人在江湖，身不由己，需要靠维护"人设"来安稳度日。

但真正强大的人，心理和物质基础都强大，才能向"人设自由"靠拢。世界对他们是隐形的，"人设自由"是一张颁发给他们进入更广阔生活的护照。

天后王菲算一个。中年之后与小谢重修旧好，导致了她群众基础的分化，各种谩骂接踵而至。她是一个时代的标杆，鲜花和刀枪对着她的面孔，可她风雨不惊，从不辩驳。生活是自己的，不需要对谁报备，不需要取悦于谁。人们憎恶天后，是因为她的洒脱冒犯了许多凑合的人生，许多因为不舍得丢弃所谓"好妈妈""好丈夫"人设而把无奈之选当作崇高的人们。但这一点都不耽误更多的人喜爱她，认为她已经活成了当代女性的范本。

企业家丁磊也算一个。吴晓波曾在《锵锵三人行》里说，他见过的富豪里几乎没有一个是快乐的，除了丁磊。他为什么能快乐？在抓住风口和唯快不破的"互联网常理"中，见不到丁磊和网易的身影；在杀伐之气弥漫的企业家群体中，他一度的"不作为"尤显画风清奇。谈及曾经的首富头衔，他极其蔑视，说只有老板才觉得首富了不起。在他蝉联首富的两年里，他借口在休假，拒绝所有访问。曾一度被认为和主流格格不入，低调得过分，不务正业，他甚至放话说，自己是一个"真小人"。可这些，也没有耽误网易的市值在过去15年中翻了2600倍，以"慢"哲学著称的网易从未掉队，并迎来新一轮的爆发，而丁磊本人，仍然可以时刻开怀大笑，让人艳羡。

"人设自由"很重要的标准是，敢不敢揭自己的短，敢不敢做违背常理的事，会不会为自己辩驳。"人设自由"的好处是，人生很多的重要积累和突破，并不是在保守、僵化的阶段塑造的，而是在心无旁骛、愚妄蛮横的阶段完成的。

就好像，人在太在乎自己的时候是做不出好东西的。如果明星放不下偶像包袱，如果作家放不下矜持和清高，他们塑造的作品都不会太好。但如果抛开"人设"，将自己淡化处理，甚至隐形，更有可能做出伟大的作品。

𝟛 如何让人爱我？

　　每一段人世游，"如何让人爱我"占据了生活的很大篇幅。这造就了一个庞大的充满情感导师、知识精英和鼓吹完美"人设"的市场。可殊不知另一件同等重要的事，是爱自己。前者是取悦他人，后者是呵护自己。很多人的前半生拼命让自己显得可爱，却不爱自己。一个天生内向的人为了演戏赚钱，硬是表演夸张的桥段；一个坐不住的人为了工作稳定，硬是待在中后台，这些都是因为"人设"所需。唯一放弃的，是那个真实的、活蹦乱跳的自己。

　　生命降临之时，每个人都是精灵，年幼时满脑子天马行空，各种特点枝繁叶茂地长出来；在成年之后，他们因为生存所需，必须拘于一间"人设"的帐篷，甚至用力过猛，扮演一个完全相反的自己。因为谋生及谋生的结果是人活在世间的一个最为确切的证据，而真实的自己何其缥缈，更无法兑换利益和价值。

　　但我们都低估了时间的漫长和爱的强大。

　　人设的确能让人在一段时间内收获喜爱，但不是长久之计。尼采说人的一辈子要经历三种变化，首先是"骆驼"，没有方向，只有服从，一旦需要依靠，别人的存在就比自己更为重要，真正的自己并没有诞生。然后是"狮子"，开始独立，开始说"不"，希望成为百兽之王，出人头地，希望去创造接近内心所求的世界。而最后是回归"婴儿"，从内心生长出喜乐和天真,像孩子那样不知羞耻、无所谓权威、不在乎成败。人设树立的高峰期多半只会在人生的"骆驼"阶段,而随着一点点拓展认知,打完一场场硬仗,属于自己的气象一步步被堆积出来,成为一个丰富的、完整的人,这时"人设"早已微不足道。

而真正的喜爱,总是会忍不住逾越"人设"塑造出的好感的安全距离,看到美好背后的疮痍。没有一种人设是完美的。谨慎的人设,就会严肃;狂热的人设,就会偏执;干练的人设,多半会强势;好人的人设,还藏有懦弱。更不用说那些空降的虚有其表的人设,更会招来万劫不复的厌恶。

爱和人设只有初期的关系,不能长久,只有粗浅的、远距离的关系,却没法往前凑近了看。

真正让人有完美收梢的,不是那张"人设"的画皮,而是真实而多面的自己与世界建立的联结,是自成气象,自成排场。人的一辈子只有两件重要的事,一件是成为自己,另一件是成为更好的自己。

活在纯粹里

电视剧《欢乐颂2》一开始，就以一桩桩扑朔迷离的恋爱事件，让大城市生活的华丽绸缎露出了恼人的线头。

老天给北上广的所有人类派送了机会、世面和大城市的光环，可它没有办法给每一个人爱、幸福和快乐。电视剧里的人类还是避无可避地和世俗、算计、物质一起下锅翻炒，直到在热油中面目模糊，浑身上下都入了味，才一身油腻腻地入盘上桌，被夸"看起来真好"。

大城市多的是这些被"翻炒"过的人类。不管他们来自哪里，既然来了就和这里看齐，工作上进入金融机构，婚姻上嫁多金暖男，孩子上国际学校，还没厘清身上的纹理，就开始为俗世的价值观奔走。反正不管来自哪里，一下了锅翻炒，捞出来的时候都是一种味道。樊胜美说，没有房子的爱情前景堪忧；关关说，人们相亲没几次就被世俗赶进婚姻里去生孩子，结婚无非是搭伙过日子；曲筱绡说，"妈宝男"追求关关不过是因为可以得到更多父母的资助……你瞧，爱情和婚姻都被掺入了太多短视的功利，她们在年轻时就知道要遵照金句本本，不该以身试险，然后再教化他人，形成时代稳固的意义和规则。她们先是受害者，后来又成了肇事者。她们是《欢乐颂》里的小人物，也是大时代里大城市的人类倒影。

我对这些人类并无厌恶感，作为被扔进社会熔炉的年轻人，接地气怕是第一课。而且我相信这些青年内心深处也向往纯粹的爱情，但他们更需要充裕的物质和世俗的肯定来填满人生路开始时的坑坑洼洼。高蹈的精神需求和扎实的物质基础，他们都想要。只不过现实才刚虚晃了一枪，他们就把初心扔掉，把纯粹扔掉，把理想主义扔掉，跪在地上说我投降。

这些被杂质填满的价值观，就是线头。我虽然理解，但并不认为让观众耳熟能详是好事，特别是让年轻人刻骨铭心是好事。它们虽然扎根于现实，但不够格写进"人生宝典"让孩子们敬佩。这些线头，我很想把它们剪掉。年轻女孩们在屏幕里娴熟地运用这些普世金句，而我在屏幕外看着只能干着急。还好安迪和赵启平帮了我一把。

安迪说，爱情本来就该是纯粹的，不论你有多少财富。她不能理解为什么在有些人的思想里，追求纯粹的爱情就是"剩女"，追求房子、车子反而正常。"如果真是这样的话，我情愿当'剩女'，起码我'剩'得理直气壮。"对于绑架人生的规则，她不屑于奉陪。

看到安迪，你会觉得她就是一个镶嵌在陆家嘴街景里无比妥帖的女子。再听她说话，你会觉得连她背后的街景，都开始变得廉价低俗且微不足道。

也难怪其他人做不了女一号。其他人都在演绎苟且，演绎日常，只有安迪在演绎诗和远方。女一号要悬在天上，要拿出故纸堆里奇正无比的三观，递出舌尖的时候毫无波澜，因为那是渗入骨血的价值观而不是拿来粉饰的女一号证书。人们通过女一号来向往美好，是因为他们无法在现实里践行美好。

而赵启平说，在爱里，我不接受任何形式的苟且。换言之，一旦涉及爱，他需要坦荡。

他们都是纯粹的人，也正因如此，他们相对活得更好。

你大概会说这逻辑不对，因为他们本来就相对活得更好，所以才有底气追求纯粹。可我今天要说的，恰恰反过来。

安迪说，纯粹不应该分有钱和没钱，如关关这样普通的小人物也应当追求纯粹。可当我开始重新看待"纯粹"这个词，我却悲哀地发现，如今的我们如此抗拒"纯粹"，我们已经把它放在和"美德"一样的旧时代词库里并束之高阁了。

我们周围总有这样的语言设定，讲起一段婚姻，讲起一段爱情，人们都在私下里考量，那家买的房子是不是在上海内环，是不是小区"楼王"，男人是不是一把赚钱的好手，女人是不是只需负责花容月貌。可怎么就没人说，他们是不是情投意合，是不是相濡以沫，是不是奔着白头到老而去。现代电视剧里最深入人心的丈母娘形象，是那种有一股戾气常年横亘在眉头，只有遇见携带若干房产的适龄男青年，脸庞才会像和好的面团那样，露出祥和之色。

在《人民的名义》里，爱是祁同伟官场利益的垫脚石；在《欢乐颂》

里，爱是樊胜美获取一线城市房子的附属品。爱情观和婚姻观俨然成了成功学的分支学科。爱再也不纯粹了。

人们同样在转发，为什么25万元一平方米的学区房被疯抢，几十块一本的书却鲜少有人问津。这个社会怎么了？获取知识真的需要如此昂贵的成本吗？六神磊磊说，其实最好的学区房，是你们家的书房。其实我们一直都知道，书是获取知识最好的途径，自驱力是成就孩子最好的方式，而如今教育机制诸多漏洞，早就偏离了本质，更谈不上纯粹。我们心里都知道，可行动还是很诚实，仍然一丝不苟地遵循升学攻略，把博士妈妈都看不懂的奇葩怪题拿来让孩子好好背诵。

"纯粹"在生活里树敌太多，譬如房价、"我妈说"、"别人家孩子"，或者被人认作"剩女"，认作"不幸"。人生枯荣几十载，能统一生活的不是"纯粹"，是世俗、算计、物质和房子，因为它们的群众基础实在太好。教育、婚姻、事业，只要和生活沾边的都要捆绑上它们，才算上了保险。连还没经历多少人生的90后，都已经树立起了一整套八面玲珑的人生观。大部分人还没来得及把自己心中的诗写完，就开始万众创业，迎娶"白富美"，攀爬人生巅峰去了。"纯粹"于我们而言，像是一个遥远的高阶梦想，不是一般人能够企及的。普通人都是踩着钢丝生活，试错需要资本。而普通如你我，又哪里有资本？

所以人们发明了一种解决办法，叫作人生两段论，前半段追求财务自由，后半段追求灵魂自由。前半段拿命换金钱，后半段拿钱换"纯粹"。"等我财务自由了就去追求自己真正想做的事"仿佛成了新时代的人生模板。曾经的我对这类通用的生活模板也深信不疑。我甚至在博客里写过，等以后不工作了就要去很多美丽的地方，写很多美丽的故事。因为我发现我无法放弃写作这个"纯粹"的理想，尽管我学了这么多年金融学。可后来我才发现，其实理想和现实并不矛盾，矛盾的是你的先入为主，你悄悄在心里给它们排了序。如今我仍然一边工作一边写作，时间和精力尚能平衡，动力则源于理想足够"纯粹"。如果人生没有太晚的开始，那为何会有太早的开始。人生需要先做的，不应当是重要的事吗？

　　所以"纯粹"并不该让位于眼前的苟且，因为它也并不是诗和远方，它理应是你人生的优先项。

　　而更重要的是，追求纯粹，才有可能盘活人生的死结。

　　《欢乐颂》里提到的那些并不纯粹的价值观，听起来有力、强大，或许对当下适用，但其实时间才是更强大的东西。且不说世界更迭太快，中国近百年的思潮是维"新"，新是好的，旧是无用的，可新也在不断沦为旧。你无法笃定，此刻给你带来无限荣光的房产，未来也会如此。更重要的是，无论事业、婚姻还是孩子的教育，都不是一蹴百就的，不是遵照几行金句进了门槛就尘埃落定的。一切都需要漫长的时间去耕耘，用漫长的时间去和琐碎与现实抗衡。时间可以让一家企业盛极而衰，可以让一段爱情走向消亡，也可以将一段人生活成剧本。在这场漫长的跋涉里，你会遭遇各种浅滩暗礁，迷失于各种横支纵道，唯一有可能盘活死结的，是"纯粹"。因为纯粹，你不会怀疑人生，你不会半途而废，而是像一座橡皮泥捏成的堡垒，无论被捅多少刀都会迅速愈合。

而伪爱情、伪婚姻、伪兴趣、伪事业，一旦加上了"伪"，就从根本上失去了排除万难的精神基础。

有一个姑娘在网络上分享自己为何嫁给没有房子的另一半。有一个关键的理由是，她发现对方是一个特别热爱经济学的教师。他看到别人精彩的评论，会拍案称赞；有人用半天备一节本科生的课，而他会用两天。换言之，他是一个特别纯粹的人。因为纯粹，他享受他的工作，他一定会练成一技之长，而且，在漫长的时光里，当他遇到无聊、无趣、无耻、无力之时，也会及时调整过来。这个姑娘告诉我们，你无法想象和一个方向感强、满意度高的人一起生活，会带给自己多大的安定感。

我很感动，不只因为她的另一半是一个纯粹的人，更因为我发现她自己也是一个纯粹的人。只有纯粹的人，会无视现实的嶙峋而嫁给一个没有房的男生；也只有纯粹的人，才会真切地体会到，"纯粹"会带来如此巨大的正能量和美好。

所以并不是有了底气才能纯粹，而是因为纯粹才有了人生鲜活的可能性。安迪真实而纯粹，知道自己想做什么、不想做什么，才能真正把命运攥在自己手里，才能把众说纷纭排除在自己的世界之外。我们说，那些很小就洞察世事的孩子其实挺可怜，要受多少苦才能练就一身的圆滑。而那些迟钝、不敏感的人，往往是温室里长大、未经历风霜雨雪的人。同样，把现实盯得太紧的人，也体会不到心无旁骛、不计回报的快乐。"纯粹"就如"钝感力"一样，都是幸福的明证。

爱才是婚姻的主题，喜欢才是事业的主题，纯粹才能让日子过得像一篇有骨头，也有血有肉的小说。幸福和房子真的有关系吗？学区房和栋梁之材真的有关系吗？理想和财务自由真的有关系吗？真的，没什么关系。

人们用很多的规则来定义成功。这些规则成群结队地站在你面前，把你和"纯粹"隔开，让你永远和世界虚假地握手言和，让你永远和真实纯粹的自我关系稀薄，让一颗逸世高蹈的心永远逃不出一具灰扑扑的肉体。

只有安迪可以说"不"，只有电视剧里的女一号可以说"不"。

不，我还想让"纯粹"代替《欢乐颂》金句本里的其他规则和定义，让更多的人可以说"不"。

没有一种价值观，可以支撑我们过完一生。时间终会去伪存真，让我们渐渐看到人生最本质的东西，是天赋，是努力，是内心所向。当初我们害怕纯粹，像是蒙着眼被俗世的价值观带着走了很多弯路。后来我们发现，只有纯粹，可以持久地闪现光芒，可以盘活人生的死结。人生唯一的幸福路径是，知行合一。

现实千吨重，但轻舟已过万重山。毕竟足够彪悍的人生，就是纯粹的人生。也只有纯粹的人生，才拥有彪悍的可能性。

边境

1

想说几件关于"边境"的小事。

这个春天来得有点猝不及防，好像满眼的绿和满树的花都商量好了似的，一下子都跑出来要给人惊喜。但这又是一个戏剧性的时节，以往每年的春天都短到那些不知名的花还没混到眼熟就要乖乖让位给夏季。但如今不同了，我可以拿出手机，对着不知名的花草扫一扫，就能在瞬间知道它的学名，附带前世今生的百科。所以你看，这些手机应用就能轻易驱散我和春天的疏离感。科技，可以轻松冲破人和物之间的边境。

前阵子在深圳西西弗书店闲逛，看见一本书叫作《爱的边境》，封面上有句话我很喜欢——"爱没学过地理，所以不识得边境"。故事很凄美，说的是来自以色列的女主人公和来自巴勒斯坦的男主人公之间的禁忌之恋。禁忌就来自那 40 公里的距离，因为巴以冲突和种族歧视，造成了人们心中不可翻越的藩篱。这样的爱注定劫数重重，但还是如峭壁中的一株野蔷薇，挡不住它一个劲地疯长，哪怕是要带着截止日期去爱。讲到爱，边境就不只是地理上的隔断，也可以是物种之间的隔断，比如曾获奥斯卡四项大奖的《水形物语》，里面的人鱼之恋即便老套，但给人足够的希望。也可以是世俗回报上的，比如《长恨歌》里等了王琦瑶一辈子却不求回报的程先生，你会发现王安忆写程先生的爱很美："程先生在暗房里洗印（王琦瑶）拍好的照片，忘记了时间，海关大钟也敲不醒他了。他怀了一种初学照相时的急切，等待显影液里浮现出王琦瑶的面容，但那时的急切是冲着照相术来的，这时的急切却是对着人了。相纸上的影像由无到有，由浅至深，就好像王琦瑶在向他走来，他竟感到了心痛。"这些爱足够真，能藏得住大苦衷，所以同样能打破边境。

　　和相识十年的同学聊天，当初我们都是潇洒进入充满光环的行业和公司，如今却都有一种说不出的悲喜。有些是不上不下的尴尬，有些是不惊不喜的平静，有些干脆是对自我适不适合的怀疑。好像每个人都隐隐期待转型，但一说到转型又战战兢兢，如履薄冰。当内心没有太大冲动，也没有足够要命的危机感时，要打破"边境"就难上加难。但我看到那些能有所成的人，真正活得幸福的人，无一例外都找到了能让自己情不自禁"陷下去"的东西，好像是上天给此生的一个使命。无论开始是选了一个不相干的专业，还是被命运流放在风马牛不相及的行业里，他们都有本事通过直线或者曲线，冲破边境，直抵心仪之地。人生就像一条注定会弹回原点的皮筋，无论之前绕了多大弯子，因为多数人都没法拒绝真实的内心冲动。能真正驱动一个人的，就是这样的内心冲动。而它，也一定可以打破边境。

我想现代社会是褒奖"打破边境"的。科技能打破边境，我们崇拜科技；真爱能打破边境，我们追寻真爱；内心的冲动能打破边境，于是我们一辈子都在寻寻觅觅自己此生的使命。

作为个体，打破边境的"斜杠青年"是一种精力充沛且有趣的生物，画地为牢的人往往活得拧巴。

作为企业，亚马逊公司在做电商的同时又做出了业内顶尖的 AWS（Amazon Web Services）云服务和 Echo 智能音箱，有着大家都觊觎的一种不盯着竞争对手而是进行长线思维的"非共识"能力。

而作为整个商界的趋势，行业间的边境越来越模糊，金融企业触碰科技，科技企业做起了金融，不管是明修栈道，还是暗度陈仓。边境划得清清楚楚的商业模式都受到了挑战，难以为继。而那些能跨行业，能把中国模式悄悄搬往国外的，都尝到了甜头。

再看那些不断要和命运混战的企业家，很多都熟读历史，善于用打破"时间的边境"来缓解胸口的闷气。不管有多少痛苦，一对照历史，哎呀，都有一堆的同款难兄难弟在朝你微笑呢。

但这并不是说，"边境"没有意义。

活在现代社会，你会有一种幻觉。平时呈现人类多样性的人们，在关键时刻，他们却展现出惊人的相似。每一次社会风潮的来临——房子、股市、P2P、比特币、北京户口放开，都像是一把大剪刀，刀落下便出来一叠一模一样的人形，包裹着苔藓一般的人心，奔着机会疯狂滋长。这座城市有多少机会，都会被迅速填满，市场有效得惊人。人们见空就钻，即便"不懂"。

　　欲望的面孔有好多种，焦虑的中产家长是其中一种。孩子的人生仿佛是攥在手里的冰，不抢跑就会迅速化掉。用短跑的心态来对付人生的马拉松，听起来就不能自圆其说，但全身而退的却寥寥无几，这是一场集体被绑架的困境。朋友说他们家两个大人，一个创业，一个做私募基金，可算下来最忙的还是他们不到五岁的孩子，见课就报，即便"不爱"。

　　而大数据的出现，让任何行业的销售都开始"飞檐走壁"。你有没有发现自己每天接到的来自全国各地的陌生电话越来越多，要查看信息的第一步常常以交换个人数据为价码，更有互联网公司悄悄打上"同意所有条款"的小伎俩，这是这个都市里藏得最深的罪与罚。互联网时代盛产奇迹，但就是不出产安全感。隐私被不断侵占，即便"不法"。

　　但这种不懂、不爱、不法，像极了铁骑踏过边境时埋藏的炸弹，随时都要上演人仰马翻的剧本。

　　巴菲特和芒格都以有强大的边界感和克制著称。但他们从来没有对投资的行业做过限制，构成他们投资唯一的边境是"懂"和"不懂"。世界并不歧视"韭菜"，但一定歧视一次又一次头脑发热的"韭菜专业户"。

互联网界的才女梁宁说："上帝安排一个人的命运，其实是给他一种真实的喜欢，要找到那件能让你一直不厌其烦做下去的事，那才是天分所在。"所以如何把握天分，很简单，首要就看"爱"还是"不爱"。

而在商界的丛林里，真正能被敬佩的企业家，杀伐决断、高瞻远瞩、富可敌国可能都是其特质，但"法"还是"不法"，一摆上台面，便高下立断。

所以你瞧，真正的边境并非别人眼中有形的边境，而是止步于"不懂"的地方，止步于"不爱"的领域，止步于"不法"的禁区。这没那么容易，看多了身边眼花缭乱的人和事，你会发现，人心真的很荒芜啊，东吹东倒西吹西倒，仿佛不以短期的功利呈现，个体和企业就没了存在感。如果有人要将目光放长远，从生命的角度理解成功，怕是要被认为是不接地气的。

不过把巴菲特的名言"别人恐惧时我贪婪，别人贪婪时我恐惧"拿过来，大概是诠释"边境感"最好的准则。一个成年人要活得干净利落又淋漓尽致，不如把拥有收放自如的"边境感"加入人生清单。

人生选择题
之十

假如生活不过是一场对弈，

你是瞻前顾后，亦步亦趋，

走每一步都不能错，

还是有舍有得，不破不立，

坦坦荡荡与生活过招？

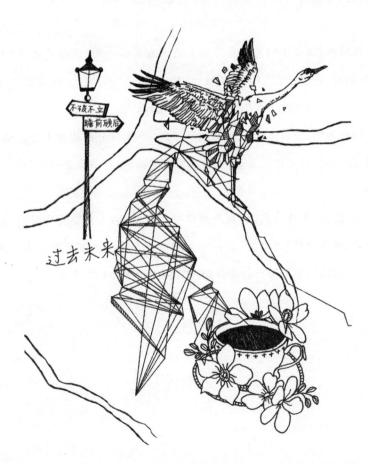

生活说，别黑我

1

最近有一篇题为《在北京，有 2000 万人假装在生活》的文章激起舆论热浪，可我觉得，最无辜的不是 2000 万人，是生活。

一开始它被一批人踩到地上，被斥责没有存在感，而后又被另一批人重新从泥潭里捡起来，洗干净放在阳光下，又扳回了半壁江山。

生活被动地活在人们的唇齿之间，尽管它的质地并非透薄到一眼就能看穿。

要说这些年自己有什么长进的话，我想是我再也不愿意把任何东西一棍子打死。这好像给写作者带来了尴尬，且不论阶级视野和门第偏见，把冗长的生活随意一刀切开一个横截面，就开始评论，难免有狭隘之嫌。

真实的生活哪里会是非黑即白的呢？生活是在黑与白之间的漫长过渡和摇摆，生活是有"灰度"的。

什么是"灰度"？灰度的反面是泾渭分明，非此即彼。灰度的表现是此消彼长，柳暗花明。灰度的本质是世事变迁，沧海桑田。换言之，每一个糟糕的当下，都有回旋的余地；每一个登高的瞬间，也都有坠崖的可能。生活不总是够不着的水晶花瓶，也不总是甩不掉的粘在鞋底的口香糖，但这两者，都是生活。

知乎上有一个问题，战争时冲在前排的士兵几乎是必死的，为什么他们还是会义无反顾地冲杀？老兵尹吉先回答说，你说战争时冲在前排的士兵几乎是必死的，我说不一定。在战场上离敌人 200 米之内的战士，只受枪支威胁，可以爬、滚来躲闪；离敌人 200 米至 1000 米会受小型炮的威胁，爬、滚都危险；离敌人 1000 米至 10000 米的距离受大中口径的炮威胁，10000 米之外受飞机威胁。可以说进入战争状态，没有一处是安全的。

亲历战争的人才能回答出表面上煞有其事其实未必如此的问题，而从漫长的生活隧道里灰头土脸钻出来的人，才不会认为，有 5 套房的北京土著会比勉强度日的外地人生活得更潇洒。

自媒体人喜欢给人安排路径——月入 2 万元要怎么活，月入 10 万元又该怎么活。草根怎么活，中产怎么活，新贵怎么活，希望人们都恪守自己的阶级边界，以求得安全范围内的最优解。可真实的生活是，月入 10 万元的人仍然会每天吃着充满亚硝酸盐的隔夜菜而不自知，而月入 5000 元的人仍然会把最后一分钱用在巴厘岛的海天一色里。没房的小夫妻会给租来的房子装进最好的家具，把它粉刷成白金汉宫的样子；坐拥别墅的投行精英，每天需要的不过是一张可以睡觉的床。公司办年会，小职员可以笃定地大口吃肉，大口喝酒，可头衔高的人却要酒过三巡才能勉强扒一口青菜，越往上走，要"跪"的人越多。你会发现，生活不是打了玻尿酸就能维持体面的，也不是家徒四壁就丑态百出的，真实生活的好坏，和财富地位并不呈正相关。

在年轻的时候，生活总是被唾弃的。年轻意味着花不掉的时间、不会走的青春、易流失的感情、不妥协的清高，雄心勃勃胜过生活平顺，花花世界好过柴米油盐。可到了中年，人更有钱，更自信，更豁达，但也更像是停不下来的高速运转的机器，动力来自上有老下有小的琐碎，职场官场的钩心斗角，以及对前半生碌碌无为的担忧，生活此时变成了一种可遇不可求的奢侈。你瞧，从看轻生活到渴望生活，真实的生活在同一个人身上，会因为价值观的变迁而遭遇迥异。

当下觉得生活黑暗或者光明，不过是低估了时间的漫长。《我的前半生》里的子君在美容院敷脚膜的时候，一定想不到有一天会发疯似的寻找让双脚踏实站在大地上的力量。当年马化腾想以 100 万元贱卖腾讯却卖不掉的时候，哪里会料到如今它会成为中国市值排名如此靠前的公司之一。去问每一个人，鲜少听到如今的生活和当初预想的如出一辙。生活不断地和现实撞击，总会有新的东西掉进口袋，无论它是尖锐如沙砾，还是平滑如鹅卵石，我们都必须接着。

　　最要命的是，人的记忆还常常会混淆视听。生活其实每天都不一样，但最后过着过着却混淆成了一片。一年中有一点坏事，就像是糟蹋了整一年；一段时间生活得平淡，会被认为生活不复从前。人在顺风顺水的时候只觉得一切全是自己努力换来的，只有在不如意时才会痛击生活。我们都是生活的负心汉，恩赐是那么难以被记住，抱怨却大行其道。

　　说这些，并不是想为生活正名。因为一旦进入生活的半径，就如同进入没有一处安全之地的战争年代，没有哪个天之骄子可以百分之百安若泰山，但反过来，也不会有理所应当的牺牲者。这就是生活的灰度。不了解生活的全貌就为生活扣帽子的人，仅仅活在了生活的一片横截面上。

　　《罗辑思维》节目里有一段话说：认知能力越高的人，对世界的理解就越是有灰度，即不黑不白的。比如，一个高水平的经济学家，是不会动不动就做明确预测的，反而是低水平的人什么都敢说。

　　认识到生活的灰度，便不太会感到内心脆弱。要看人类最近的一部历史，不如去参加毕业 5 年、10 年、20 年后的同学会。有一个同学，在还没毕业时就找到了人人艳羡的工作，却在毕业 5 年后在职场遭遇种种磨难甚至事业一落千丈；而在毕业 10 年后，又听说他只身远赴他乡创业，如今小有成就。有一个同学，在学校默默无闻，毕业时找不到合适的工作，去了一家西部的不知名公司，如今碰巧迎来行业井喷，公司上市，获得财务自由，成为众人争相敬酒的对象。还有一个同学，当年和校草出双入对，却在毕业 5 年后得知其出国后男友劈腿，她一度一蹶不振，可 10 年后的聚会又得知她已儿女双全……生活总是跟着人生的长跑不断在变换方向，转换风景，也更换着色彩。和任何一部名人自传一样，那些如今在粉丝口中，名字都要和感叹号放在一起的"大咖"，曾经都是一个窘迫的，不会让人停留太久的"逗号"。

认知到生活的灰度，也给了所有人"杀出去"的可能。我们每天都会读到太多令人"当头一棒"的文章，比如认为"35 岁时破产，以后就鲜有逆袭的可能"，比如"普通人要有极好的运气，才能达到与富二代相同的高度"，比如"条条道路通罗马，北京高考状元出生在罗马"。反复被这样的故事捆绑，除了给自己设限，并没有什么好处。因为我们同样可以举出许多的反例，比如 35 岁以后创业的马云，比如出身农村、父母学历不高的诸暨高考状元，比如硬是咬牙走出了一条又一条生路的普通人……最后大家拼的不过是概率。一开始就遵照人生台本过日子，就是毫无抵抗地把自己放在了分母的位置上，把成为分子的机会拱手让人。认知到生活有灰度的人才会觉得，前方的难处不是高墙，而是一扇门。

这就是为什么，我觉得抹杀掉生活的意义，对人生做高下的判别，本质上也让自己丧失了过上更好的生活的可能。

灰度也让我这些年坦坦荡荡地和生活过招，我没想过赢，但心下知道，不会输。

局外人

我们是如何一步一步变成"局外人"的？

有一位作家说自己喜欢写情感故事，她爸"怼"她：你为什么老是写这些情啊爱啊，多无聊啊。那位作家哭笑不得地说："谁让我的目标受众就是那些20多岁只想着情啊爱啊的年轻人啊！"

有一段精准描述"中年"的话是这么说的：你不需要全世界都爱你，只要几个好人爱你，那就够了。说它"很中年"是因为中年人终于可以活得不那么虚弱，需要全世界的爱来支撑自我了。在"要让全世界都看见你"这件事上，中年人终于摆脱了执念。

你有没有发现，不是所有人都会拉住"过往"偏要问一句"后来"的，现实是人多半都会一步步地变成"局外人"。要描述这种感觉，电影《芳华》中有那么一个桥段：林丁丁嫁人后寄来一张照片，照片里她中年发福，灵气全无，于是昔日的女战友打趣刘峰："你问他，看到现在的林丁丁还想摸吗？"萧惠子来了一句："恐怕连假手，都不愿意摸了。"走过青春的坑，成年的、中年的坑接踵而至，各种紧急且重要的事都要塞进逼仄拥挤的心脏，当然是一路塞，一路扔。

　　新鲜感的降低也会让曾经"大过天"的事变成"无所谓"。就好像三岁的宝宝会把什么东西都当作宝贝，因为没见过世面。一开始的新鲜感会让犄角旮旯儿的东西都纳入我们的记忆，但经历的增多会让我们将曾经的生活重心，比如情感，都逐步抛下。人越老，世间之事就越微不足道。柔光滤镜全部去掉之后，人就慢慢变成了"局外人"。

　　而对偶像呢，更是一个个要重复从仰望到平视的过程。刚入职场时，前辈和大佬都是小辈们效仿的对象，但后来发现，他们也有不能、不敢、不会之时，也有极易被察觉的疏漏之处，也有对家人无礼、对同事不敬的不体面瞬间。而当年那些不起眼的追随者呢，过了十年似乎摇身一变，又成了刚入行的小辈们仰视的对象，除了自己年岁渐长外，简直都有种"无本万利"的幻觉。

　　所以活到88岁仍要"手撕"琼瑶的林婉珍是少有的，遭受了刻骨铭心"地狱"之苦的章诒和才会写《往事并不如烟》，而大多数世事不是被时间的洪流冲走，就是被自己的"千帆过尽，阅人无数"过滤干净。偏偏要拉着刚要迈出局的人去刻舟求剑的，除了成为独家记忆，得到两行眼泪之外，并不能撑起"赢"这个字。

　　曾经的我们听命于所见与所闻，后来的我们听命于思想和经验，到了老年，人们大概终于搞清楚了人生所有事情的整体脉络和因果关系，自己在世间的位置，以及世事的无常和虚无。好像前半生是努力赶工的一幅刺绣作品，我们终于能转过来看到背面的一针一线，一览所有的走向。"零存"的经历换成了"整取"的经验，迷途里的人们纷纷变成了雅典娜附身的"局外人"，更获得了"旁观者清"的美名。

从生活质量的角度看，"局外人"似乎更靠近"幸福"。当局者被各种欲望撕扯、牵制，年轻人特有的愤怒、忧虑，其实都源于对"幸福"的追求，可他们却不是真的幸福。也不知道哪来的自信，年轻的我们曾经笃定地认为，不幸是巧合，幸福是理所应当，每一种理想都会悉数登场。后来才知道幸福才是世间巧合，青春里我们想都不想就丢掉的东西，后来才发现那可能已经是人生里最好的东西。可谁会喜欢高开低走的人生呢，曾经拥有越多的甜，就会变成后来越多的苦。大概只有"局外人"可以拉平这种落差。叔本华有一句很深刻的话："青年时期的快乐都来自于需求的缓解，因为（中老年）需求消失而导致的快感消失是不值得抱怨的。"从这个角度看，"局外人"获得了真正的安宁、快乐和坚强，他们是幸福的。

但有完全的"局外人"吗？

没有的。

像《菊与刀》里提到的"像尸体一样活着"的真正自由的精神境界，并不适合我们凡人。况且人往往在成为一部分生活的"局外人"之后，又会不可避免地掉进另一些局。

青年人是再也不用战战兢兢地斟酌分数和排名了，但却要开始与职场上的各路"妖怪"周旋斗智；中年人是可以暂且放下困扰整个青春期的情感了，但又要卷入家事国事天下事，还要往人生更深处走走，直面日渐衰败的身体，或者为一场莫名其妙的流感全然丢掉了安全感；而老年人，即便可以摆脱江湖纷繁，他们也是第一次面对"老"啊，对于第一次进入"步入老年"这么一个局，他们也是新手。如若往前几步就要直面死亡，他们一样手足无措。

而同龄人在面临过剩的人生选择时，也会有不同的"局"向他们招手。就好像身着锦衣要去赴哪一个饭局一样，决定了要在哪里投入精力，绽放光彩。

作家在"写作"和"生活"两大局中，总是会或多或少"殃及"生活。林少华就说过，自己之所以能合理安排时间去搞翻译，是因为"基本不做家务"。严歌苓说她至今不学开车，是因为不划算。乘公交车可以把自己驾车所需的专注以及对自己性命的责任心完全交给别人，而节省下来的精力和时间大可以用来窥听其他乘客的家常闲扯，观察和体验三教九流的社会生活，以及思考、养神和阅读。有一次她甚至在乘车时看书入了迷，回家之后已经完全忘记了当时出门是要去买菜的。

而女性在"事业"和"家庭"两大局中，总要面临平衡。可平衡是假的，背后都做了取舍。瑞典社会学家 Folke 和 Rickne 在社会学研究报告《所有单身女士》(*All the Single Ladies*)中揭示了他们研究的结论："获得最高等级的工作提高了女性的离婚率，但对男性并没有影响。晋升为 CEO 的女性在三年内的离婚可能性是晋升男性的两倍多，事业和家庭对于男性是兼得，而对于女性则是你必须有所取舍，这是性别不平等的重要体现。"女富豪多是单身的咒语就如雾霾一般笼罩在精英女性身上，一位女性 CEO 曾经坦言，自从成名之后，她接受采访被问的第一个问题是——离婚了吗？

　　而我常常隔一阵就会在同学群里听到各种各样的好消息，当年一样披挂上阵的同党，在悄无声息的数年沉淀之后，如今在世间迥异的版图和位置上成为各自领域的新星。他们安营扎寨在不同的"局"里，有些"局"是一开始就长在了少年的脑子里的，有些"局"是尝试过各种理想职业而不得后才尘埃落定的，但都有足够的坚持和努力，一扎数年，成了平行世界里的各色旗帜。

　　所以我渐渐觉得，人生是攒局的过程，亦是弃局的过程。它远比下一盘棋要复杂，因为它还给了你全数推翻棋局，重来或者不来的权利。这中间的取和舍，决定了你终究会获得什么，最后又要往哪里去。

　　而总在局与局之间探头张望、在局内局外徘徊摇摆的，既多了怨怼和悔恨，又没法全心投入，是人生最浪费时间的事。想要的都铿锵入局，好好拥有；事过境迁的都全数释怀，潇洒出局，别带走一片云彩。

展开第二人生

我们这一代生活在一种天然的戏剧性里。

一面被"用物质来量化幸福"的生活公式带跑，一面又不约而同地相信"从物质中获得幸福的时代已经过去"。春节堆满餐桌的山珍海味，远不及一条鲜少见天日的马甲线。热衷于为柴米油盐酱醋茶奔走的，如今又转向为琴棋书画诗酒茶付费。

被深受家庭观念和集体观念影响的父母抚养长大，一面被灌输按部就班的幸福定义，一面又深刻认同每个人都是独立的个体，千篇一律才是人生的死水。没办法改变本能地去干涉个人生活的长辈，那就只能"逃"回北上广。

在理工科和商科横行的年代成长起来，如今不被看好的文科生又被李开复老师认为或许是人工智能时代最大的受益者。机器能学会逻辑，能代替所有重复性的工作，却无法再造一个"人生得意须尽欢"的李白。

对于职业的评判陷入了窘迫的境地。前两天一则新闻说高考状元读完名校后成了游戏主播，虽然有人谩骂，但获赞最多的看法反而是，做自己就好。所谓的"政治正确"已经渐渐无用武之地，事件中的主人公说职业没有贵贱高低，贵贱在自身，而高低靠用心。

对于婚姻的讨论更为焦灼。在"执子之手，与子偕老"的故事里成长起来，如今又遭遇了诸如李银河老师"婚姻关系终将消亡"的论调。在寿命变长、男女平等与人性的紧张关系不断被验证后，"白头偕老"的说法开始四面楚歌。

所以我们这一代如果是一本书，那远没有父辈告诉你的"你们这一代真是幸福啊"那么风光。字里行间峰峦叠嶂，虽然好看，但毫无章法，没写几段就跑了题。我们一方面要被迫接受老生常谈的规则，另一方面又受困于时代的光速"爆炸"。旧式的说辞就如太阳底下的积雪，不由自主地消融，而新来的理念，却如喷薄而出的岩浆，震撼和惊喜还没散尽，就轻而易举地灼伤了我们。你困在纵横交错的段落里，就像师傅给的锦囊都失了效，直觉告诉你走岔路是对的，但你又会纠结，那是"岔路"啊。

都是排队领了一份命运，我们相比父辈，哪有所谓的那么"幸运"。如今我们活着的每一秒，都在新旧交替的观念里不断被撕扯，要挂碍过去，又要筹划未来。由于社会进步的里程碑被突破的时间越来越短，这种撕扯，达到了前所未有的频率。

所以我想，抛弃"刻板印象"，是这个时代最珍贵的护身符。

综艺节目《奇葩大会》里有一段我很喜欢。有个叫蔡聪的盲人讲他失明以后的故事。他说成为盲人并不是"此生就完蛋了"，他并没有因为看不见而过了一种"比较少"的生活,而只是过了一种"不一样"的生活。当他和同样是盲人的妻子突破重重困难迎来自己的女儿时,他说他爱她,并不是因为她会成为他想成为的样子,或者将来可以照顾老去的自己,而是因为,这是一个同等价值的生命,不会因为任何外在的表现有所减损。残疾,只是一个"特点",并不是一种"缺陷"。

高晓松接话说道,即使你有最强大的感知力,你有 5.0 的视力,你也不能感受到一个完整的世界。就如他自己,即便走过那么多地方,看过那么多书,但是他永远看不到,吴彦祖眼中的世界。

他说出了我想说的。

即便是达官显贵,又怎能看到一个乞丐眼中的世界。人生如果不是用所谓的"市场价值"来衡量的话,哪有好与不好之分。如果衡量人生的标准在于"经历"或"历练",乞丐多半会更胜一筹。而这种按照"市场价值"来衡量人生的方式,本来就是人们的"刻板印象"。这种印象,是因为别人都这么认为,书本、课堂,所有一切的外在冲击都让你不断相信,不断自我循环,最后把它奉为"真理"。

记得有位记者曾采访一位韩国人,问他到了中国以后最不适应的地方是什么,他说是天气预报。以前在韩国听天气预报,全国的天气只有一种,所以他并不知道,原来一个国家竟然可以同时有北国飘雪、南方暖阳的不同天气。他说的时候我觉得好笑,可后来想想,"刻板印象"真是害人呢。

像是什么呢,80 年前小孩子吃饭不能上桌,100 多年前女人还需要裹脚，几百年前老公死了老婆是需要陪葬的。那些旧时代认可的"意义"，如今都纷纷解体，甚至变成了天大的笑话。很难想象目前微博坐拥粉丝最多的娱乐明星，从前被划分为"下九流"，所以也不难推测，如今落魄的行业，可能不久后又会重焕光彩。我记得以前问在清华大学教书的舅公，当初是怎么选的职业，他说年轻时根本不想去教书啊，那时的年轻人都想去工厂呢。

标签是一种很危险的东西。人们喜欢说"剩女"，是把婚姻的价值看得太高；人们喜欢称"钻石王老五"，是把物质的重要性看得过高。但有趣的是，无论是"婚姻"还是"物质"，都已经从"成败论"的高阁上被取下来了。

就像《未来简史》里说的：你所有的现在看到的东西，是因为历史的偶然形成的。我们却都觉得自己所处的现实是理所当然的，认为这一切纯属自然，不可避免，也无法改变，但我们忘了世界其实是由一连串的意外事件所创造的。历史不仅塑造了我们的科技、政治和社会，也塑造了我们的思想、恐惧和梦想。我们从出生那一刻起就以为这就是自然，是我们不可分割的一部分，也就很少试着挣脱并想象自己的未来还有其他可能性。

就像我们认为失明就是"完蛋了"，能赚钱的职业才是"好"，女人的"归宿"决定一切，男人的价值在于"金钱"。然而，这些论调不过都是"由一连串的意外事件所创造"的价值观，上一秒还在被各种内容大号捧在手心，但下一秒，句句都有被驳倒的理由。

　　"三观"本来就是一个很玄幻的词。我们用三观深藏生命的意义，用无数漫漫长夜去浇灌功与名。但我们很少想过，这些被我们奉为生命意义的价值观和人生观，都只存在于彼此编织并确信的故事中。世人一起手拉手编出故事的那一刻，就产生了你所谓的"意义"。在社会封闭、技术发展缓慢的时代，人们靠着一种"三观"就能过一生。可如今我们面对着微信朋友圈，每天都有可能会"三观尽毁"。

　　假如我们能活到150岁，那么或许60岁时还在课堂啃书本，80岁时还能说人生才刚刚开始，你和孩子的连接远比现在疏离，你和父母的关系也远比现在轻松，而50年的婚姻是"金婚"，但100年的婚姻就变成了"束缚"。这不是什么玄幻小说，根据现在最乐观的说法，再过40年，人几乎能达到"永生"。

　　不知道你有没有发现，跳出思维的框架，一切都变得可能了。现在你所有的纠结都不是纠结，而我们即便有可以蒙混过一世的机灵，也难以混过几世。

　　小时候我不喜欢不置可否的成年人，就是所谓的那种"讨厌的大人"。可到了一定年纪，人就是会越来越不喜欢斩钉截铁的论断。"一定""绝对""一辈子"这种词语确实可以带来短期的安全感，可惜时间会证伪。初生牛犊不怕虎是因为无知者无畏，但书读到最后，是为了让我们能更宽容地去理解这个世界有多复杂。

　　新世界就像野生动物，不会乖乖待在笼子里。而历史唯一不变的东西，就是一切都会改变。

前几年我们还在说，现在的孩子们真累啊，原先大学里学的微积分课程放到了高中，可现在想来，这个世界就是以加速度在更新的，知识是加速折旧的，新的一年，都会比上一年波动得更剧烈。但总体来说，人对执念的松动，总是赶不上世界翻篇的速度。或许我们这一代要做的，是马不停蹄地准备好，随时展开第二段人生。

有可能我说的，还是比这世界慢了一拍。

来年，你好

年末的人类总会夹带着一些复杂情绪。又一个庞大的未来即将交付在自己手里，没有使用说明书，要怎么让收获一茬茬地生长，而代价被控制在安全范围内，才能弥补年龄又往上加一的失落感，大概是一直以来"新年新愿望"的潜台词。

我出生在冬天。从小的惯例是，每年的生日一概被期末考试延后，结束旧历年最大的动力，是那场闪闪发光的生日宴。从这一点来说，成年人也是一样，做惯来年计划的他们，伫立在新旧交界的僵局里，是想象力和期待抵消了旧历年的种种险阻。他们期待来年有更好的生活。

更好的生活其实也分两类：第一类，你走在所有人公认的康庄大道上，不断收罗主流价值观艳羡的物件，仿佛集齐若干标志，敲上认证印章，便从"路人甲乙"升级成"人生赢家"；第二类，无论是不是有人为你鼓掌，但你奔跑在自己认定的道路上，心怀向往，甘之如饴。前者有"财务自由"作为期许，后者是以"灵魂自由"作为仰仗。

而我在思考如何拥有更好的来年时，内心出现更多的声音并不是沉甸甸的物质保证，而是希望自己多冒一点险，多收获一点生命体验。这段日子我听到越来越多的动人故事：去大学演讲的创业者，每次都会被自己跌宕起伏的经历感动哭；如今被媒体蜂拥报道的校友，曾经置之死地而后生；一日千里的互联网行业里，有人竟会花上十几年去精心打磨一个小小的产品。所以"更好的生活"真的不是简单地在这一年取个景，留个底片就够的，也不是懂得接生活的招，抖抖机灵就够的。到一定阶段的人生，是否真正认可自己奔跑的方向，是否真正淋漓尽致地活过，都是愉悦感最忠实的来源。所以从这个角度来说，更好的生活，一定脱不开"灵魂自由"这个层面。

一个更好的来年，不单是填充了人生的长度，还增加了人生的厚度，丰富了人生的底色。当你鸡皮鹤发，需要搜索关键词来回忆人生的时候，这段时光一定是一个放大的、逃不掉的美丽谈资。如何实现呢？我的脑子里盘旋过几件事。

1 接近时代的趋势

20 世纪 90 年代后，中国开始以商业的、务实的气质示人，直接影响了最有前途的行业和年轻人的职业选择。李开复说他从 30 年前就开始探讨人工智能，可惜生不逢时——机器不够快，数据不够多，算法不够先进。可螺旋式上升的技术变革，还真的在近几年到达了爆发点，人工智能成了如今最热的领域。一位研究机器学习的博士朋友说，5 年前他压根找不到工作，被迫转行金融，但如今这个专业的毕业生却以天价薪水被哄抢。而 2008 年全球金融危机以前，华尔街最辉煌的交易大厅曾是所有常青藤学子的梦想职业地，如今却人去楼空，走到将被出售的边缘。

这也印证了盛大网络 CEO 陈天桥说的一句话：其实世界上没有做错的事情，永远是时间不恰当。

所以令人感慨。再闪闪发光的人物，也不过是编年史里的一具影像，是时代特定方向的聚光灯才让我们看到他们。而再充满悲剧的人物，也可能会在另一个时段里风生水起，万人簇拥。从这个意义上讲，命运是一出生就定好的，任你飞天遁地，仍不足以逃脱时代的魔爪。

唯一的例外是浪潮短，或转型快。但多数人又容易被观念绑架，被旧秩序的"光芒"遮盖，后知后觉是常态。或者说即便有感知，赖于缓慢的执行力，要等到随身携带的处世密码全部失效，一身武功没有了用武之地，才考虑转型，那时已经错失良机。人与人之间的差别也就是从这些细枝末节开始，去往相隔万里的平行世界。

而真正被时代记住的人，一定是花更多的时间去俯瞰时代的人，是把时代作为孵化器、加速器的人，是与时代相互扶持而不是相互为难的人。在变革年代的生存指南里，一定少不了顺应时代这一条。

2 接近自己占优势的评价体系

接近时代的趋势不代表盲从。很多人活得磕磕绊绊的原因，是错把体面当合适，错把束缚当规则，错把砒霜当蜜糖。像是美人鱼搁浅在岸上，告诉她会碰到万众瞩目的王子，但没告诉她，没有水的茫茫大陆，根本不适合她。

蜂拥带着孩子去学奥数，蜂拥转行去做据说最赚钱的行业，蜂拥辞了职去创业去融资，通用的生活模板看起来安全，可他们并不明白，拥有最多的人类公约数，反而是折损生命的头号杀手。人最终是被错误的选择压垮的，我挺喜欢作家姬霄说的一句话：别为不属于你的观众，演不擅长的人生。

作家韩松落举过一个有趣的例子，据说健美运动在二战以后进入了黄金时代。有很多青年并没有固定的工作，终日除了健身以外便无所事事。但健身对他们来说是一个机遇，让他们逃离对自己不利的评价体系，进入一个对自己有利的评价体系。因为在那里，房子、财富和地位都不重要，重要的是肌肉的线条和卧推的次数。前者是人力不可为的，后者却是只要投入时间就有成效的。

有一个朋友，拥有不错的学历，在不错的公司任职，也有不错的收入。从底层花数年爬到中层，除了岁月静好，似乎也没有更生动的形容词了。每天西装革履，但过程颇为辛酸。听说他为了一个头衔明争暗斗，练就了一身见缝插针拍马屁的功夫。可能每个人身边都有这么一位中年朋友。唯一不同的是，这位朋友后来因为各种原因下海了，才发现自己曾苦心练就的职场"技能"并非自己所愿，而做他极为擅长的实事压根不需要"苦练"。在一个讲究做事的能力、不讲究附和逢迎的地方，他找到了自己占优势的评价体系，生命里莫名有了很多"不假思索"

就想去做的事，而不是"深思熟虑"后认为应该做的事。

这像什么呢，这条路打开了你身体里的隐秘开关，就如同拧开水龙头一般，全身都被注满了激情。而你抵触的东西，是和你反向作用的力，花大把的力气也未必能做好。

3 简单的事做到极致，就是绝招

我一直认为这是最朴素的通行智慧，适用于任何时代，也不局限于地位和阶层。甚至我觉得它的心理暗示作用，可能远远大过实际产出。对年轻人来说，把姿态放低，把心性按住，和世界做对等的交换是一件不容易的事。年轻的标志除了迷茫，还有贪恋和急功近利，总希望以轻盈的努力，换得沉甸甸的奖赏，但一蹴而就容易走样。我想一个更好的来年，一定需要这样的智慧去做心理建设。像撇去高汤上的浮沫一样撇去浮躁，留下的专注、耐心、付出、淡定、信念，才是精华。

在这些年最火的创业风潮里，大家渐渐达成的共识是，为了财务自由而去创业，往往会以失败告终。怀揣这样的心思，往往需要热闹的营销，短期迅速的扩张，引人注目的估值，"语不惊人死不休"的产品和一个鲜明的 CEO 标签，而不是过硬的技术，别致的创意，撬不动的壁垒和为社会真正创造的价值。时光最终会去伪存真，长期而专注地做事一定比短期的、虚妄的热闹更为重要。

郭广昌说过，最后真正有大成的企业家，内心的价值观一定是牢固

且简单的。一个牢固而简单的信念不会让人因为耳朵里吹进一个杂念，就干扰了苦心建立起来的思路。简单就是专注做事，而牢固才有了极致的可能。

在这漫长的岁月里，没有生动的波澜，这种"牢固而简单的信念"，就像迷惘时的正信，航途里的灯塔，会抚平焦虑，也会让猛然漫上来的诗意盖过头顶。而真正的壁垒，就是在慢慢打磨的过程中建立的。而愉悦感，也一定是在从容里造就的。

最后要说的当然是，要快乐啊。前三点都会引向快乐，但快乐，也是你做任何事的强心剂。

我们目睹了今年的消亡史，但猛然跳进时代的浪潮，找准了自己的船只，拴住牢固而简单的信念，相信罗曼蒂克，还会在来年依次绽放。